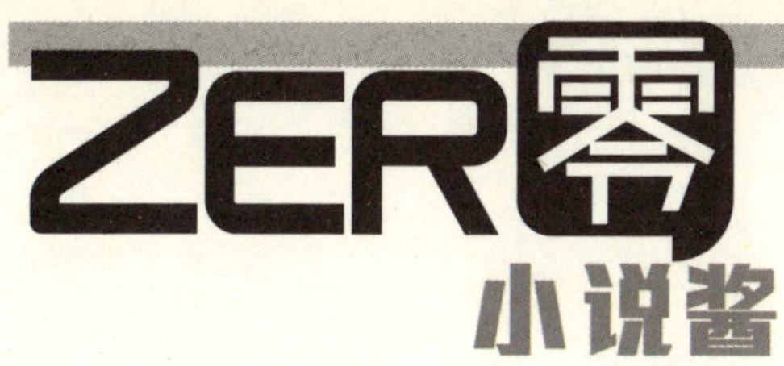

小说酱

策划：臧建民 于建明
主编：Mr.Mok
编辑：新创作网
设计：榫卯工作室

小说，是一种酱。

酱的滋味醇厚、丰满、回味无穷，还可调味生活。

完美酱料的制作，往往是经验、技艺和创新的完美结合。

写小说也是一样的。

这就是为什么“Zer 零”实体系列的第一本书叫做《小说酱》。

因为我们会在这里慢慢告诉你：小说，就是这样的。

小说陪审团，等你来审判！

登陆新创作网（www.xczw.net）
申请加入“小说陪审团”
除了提前看到最新的小说
还可免费得到一本《Zer 零》

本期“小说陪审团”名单

君 天——著名悬疑作家，上海作协会员
刘 刚——文汇出版社编辑
小 六——《Zer 零》电子杂志版编辑
苏细细——新创作网投稿区主管
慕容嫣——新创作网创作会主管
齐小侠 / 茉莉花开 /Z.U.N./ 大越猫——新创作网友

零言 | 小说就是酱的　Text by Mr.Mok

我们只知道一件事情

这瓶“小说酱”源于一个故事和一个数据。

故事是：有家出版社搞了个小说比赛，比赛结束之后，获奖的 10 个作者并没有得到任何跟踪培训，也没有包装、没有指导……在出版社看来作家是没法跟踪的，因为不知道哪个能够成才，或者一出名他们就会跳槽——没人愿意自己培养的作者最后肥了别人。

统计数据则是：2009 年一年，全国网络文学写作者共创作了数百亿字的作品。

别数了，屁股后面足足十个“零”。

对有志于写小说的年轻人来说，这是一个连天才都可能埋没的时代：出版社普遍觉得培养新人风险大、市场号召力小；国内文学刊物往往只对“名家”敞开大门；网络文学倒是蔚为壮观，流传量巨大，但评价很低……

新人想得到出版商的垂涎，只能依靠符合市场需要的长篇小说。可是没有经过训练的新手动辄就写长篇，不符合写作成长的规律，绝对是种压榨式摧残和迫害。

我们在这里不讨论“写作需不需要基础训练”这样的 S * 问题，我们只知道一件事情：写作和美术、舞蹈、音乐都属于人文艺术范畴——既然画家、舞蹈家、音乐家在初期都受过基础指导，写作者凭什么不需要呢？

但，出版社不愿培养和训练写作者，出版商只看重写手能否带来利益。谁来呵护他们的写作热情？谁来矫正他们的写作思路、提供基本训练？谁为他们提供发表的平台呢？

这就是你手上这本《Zer 零》会出现在这个星球上的原因。

《Zer 零》能为你带来什么？

喜欢读小说么？喜欢写小说么？恭喜，你找对了书。

《Zer 零》系列（无论是我们的电子杂志还是实体书）都在倡导一种理念：对初涉写作的新人而言，小说的写作经验、基础技巧是可学的。一个有生活、有故事的人，经过训练就可以写小说，就有向优秀小说家迈进的可能。

《Zer 零》服务的对象，就是那些爱看小说或者喜欢写小说的青年人，为他们提供一个创作平台，一个写作训练场，一个梦想实现的地方。

我们的使命之一，是探索青年写作者成长的模式，不但努力告诉读者哪些是好小说、是继承传统融合时尚元素的作品，还努力通过理论诠释，证明一个酷爱玩味故事的年轻人，最终可能变成一个出色的小说家。

自然，它还郑重地告诉你，文学新人不是用来挖掘的，是用来折磨和锻造的。

如果你也是某个想写小说的傻瓜

你要相信。

相信你选择的路，相信你的梦想值得追求，相信你是写作之神会眷顾的某个傻瓜。当你执意为伊献出一切时，也就没有了牵绊，可以轻松前进。

你要勇敢。

最困难的问题不是生活压力，而是望不见头的孤独。并且有朝一日选择孤独码字的你可能会变成断线的风筝、不知好歹的偏执狂、一个黑洞、一个灾难、一个自大狂和强迫症患者……记住，那些写得好的作者，几乎没有正常人。

你要坚持。

写作是场马拉松。你不会只写一篇小说，不会只写一年。它甚至比其他行当更易遇到挫折并且越发脆弱。写作之神讨厌任何没有毅力的笨蛋。你最好习惯时时为自己缝合伤口。

你要淡泊。

写小说不是能赚钱的好选择，它更适合成为一种生活方式。赚大钱的或许有，但它的概率不会比中彩票更大。

小说是这样酱出来的。

“小说酱”是《Zer零》系列图书的第一本，它秉持零的理念，告诉读者什么是好酱、解析怎么做好酱。内容分两部：小说作品和小说解剖课。前者包括小说和轻松独特的创作花絮，后者期望传达小说创作的基本常识——先从小说中的故事说起。

每篇小说从灵感到成型，所有的编辑都跟得很紧，提意见、修改，反反复复。书中的小说作者绝对不是你所以为的稚嫩同龄人。他们的文字有灵气，他们对文字有热枕，更关键的是他们在《Zer零》策划编辑的魔鬼式折磨中存活了下来，没有放弃，没有自裁，没有砸毁自己的电脑或者受不了压力而跑去某个不知名的小镇卖二手电视机。

所以我们相信，假以时日，这些作者必将做出更好的小说酱。

我们期望有更多的写作者跳入这个小说酱缸，和我们一起酱出更美味的小说。我相信有一天这世界会变得很好，到那时当我们走进书店，落目处一定也会有一本书，那是你酿造的小说酱。

所以，我们，还有创作之神以及魔鬼般的编辑们，正在缸里等着你，一直都在。

小说与幕后

小说解剖课

Novel also needs time

Name: 王若虚

男，天蝎座人士。目前已出版长篇《马贼》（人民文学出版社，2009 年），并有长篇小说《尾巴》连载于萌芽杂志。第三部长篇《限速二十》已发表于《收获》杂志之 2010 年长篇专号春夏卷。

15 岁开始写文字，22 岁之前几乎无人知其写小说，直到 2007 年在萌芽杂志发表了短篇《马贼》《跑车》《在逃》《红双》《引信》《五等生》等，成为该杂志当红男作者。虽然毕业于上海大学商学院，却投身文化领域。目前在《Zer 零》团队担任策划编辑，被读者和其他编辑冠以《Zer 零》“一番队队长”和“机关枪大魔王”、“稿件狙击手”的外号。

Novel Department.08

若干年华°

Text by 王若虚
Photo by 榫卯

任冉

同济大学理工科二年级

巨蟹座

180cm

网球社成员

萨雪文

财经大学商学院二年级

白羊座

学生会文体部部长

上官卿

北海中学高三 7 班

天蝎座

实际年龄与身份证不符合

{一}

任冉第一次遇到上官卿是在他自己家里，上官卿是来补课的。

这年头在给学生补课的科目里面，数学物理外语的业务最好做。因为做家教就像执教一支球队，观众和老板要的是最快的成效。而数理化和外语相对见效快，加上中学的考试特别频繁，基本上两三个月就能看出你这个教头是真有水平还是在捣糨糊，不行就换，爽气。但语文不一样，更像慢火炖鸡汤，没个半年看不出成效，于是俱乐部老板们选择起教练来额外谨慎，也分外讲求品牌和质量保证。所以敢出来给人家补语文的大多数是具有丰富教学经验的老资格中学教师，比如任母。

任母是一所市重点中学三个特级语文教师里资格最老的一个，所以平时的家教业务如火如荼。任冉他们家其实离同济大学很近，但任冉不走读，就是因为平时家里经常有补课的学生进出，到了周末，两室两厅的任家总是门庭若市。但那天他是住在家里的，中午下起了大雨，八月份的气温被这雨一浇，顿时凉快一些。任冉早上出去和同学打网球的时候对昨晚的天气预报表现出极大的不信任，没有带雨披，结果被气象台借着上帝的手报复了一把，骑车回到家时估计除了屁股下面全身皮肤没有不湿的。

此时任母已经开始讲课，空调机吹着凉风，室温和外面不成比例。任母讲解时不好旷工，叫任冉快点去洗个澡不要得了热伤风，便不再多话。任冉拎着湿了的鞋子走进卫生间，很快地用冷水洗了个淋浴。他们学校抠门，寝室的淋浴器冬天用热水要付钱，打卡付费，一分钟三毛。任冉不缺这点洗澡钱，但还是养成了洗澡迅速的习惯。

这个澡只用了四分钟，任冉穿上一条干净的运动短裤，拎着要换上去的背心，对着镜子梳了梳头发，忽然听见浴室门外的脚步声，以为老娘要进来拿什么东西。一打开门，却看见一个和自己刚才境遇差不大多的女孩子，头发像海蛇一样卷曲披散在白净的脸上，手里提着一个塑料袋，浑身上下的衣服紧紧贴在身上，勾勒出恰到好处的线条，而浅蓝色衬衫后面隐现的两片白色则仿佛在向自己隐约暗示着什么。

任冉觉得自己粗鄙了，连忙把目光移开。女生也分外尴尬，她不晓得里面有人，而且是一个刚洗完澡、穿着运动短裤、赤裸上身的家伙，只能低着头讲了句“不好意思”，声音非常之轻，任冉也是半猜半听出这话的意思。

这时大厅那里传来任母的声音：“小冉，帮她拿块干净毛巾。”

任冉转身从架子上拿了块白毛巾递给女生，侧着身走出卫生间，在门口回头看了女生一下。女生也侧身走进去，拿着扎眼的白毛巾，在他身后轻轻关上门。

任冉不是第一次看见女生的文胸，林暖的文胸他就看见过。

林暖是任冉的女朋友，外国语大学的。同济校区到上海外国语大学的老校区骑车只要十五分钟，玩命的话二十分钟就可以一个来回，所以任冉和林暖才会在同济大学的网球场上邂逅。虽然林暖是任冉的女朋友，但一切生理接触只限于牵手和拥抱。接吻倒是也有，假如两张嘴巴的表皮碰一下也算的话。

林暖是扬州人，烟花三月下扬州，但林暖这个人却烟而不花，喜欢抽烟，在那方面却不花心思。每回任冉跟她讲诸如浙江大学的下水道口被无数安全套堵住这种消息，林暖同学都无知无觉。很难想象这样一个抽着 ESSE 香烟、每个礼拜要去一次迪厅、酷爱拍照（拍自己）、会主动叫男生教自己打网球的女人是如此的保守。对此任冉想无非就三种可能——性冷淡、心理障碍，或者让哪个老板给包了。仔细调查下来发现后两种都不是，根据排除法只好认定林大小姐性冷淡。尽管如此任冉仍然和林暖待在一起。

任冉看见林暖文胸则纯属意外。

那时外国语大学还没网球场，林暖和同学到同济打球，场地满了，林暖就跑到任冉他们这个场子来，讲，学长，可不可以教我们打啊?

任冉那时大一，叫什么也不能叫他学长，感到心里好笑，加上见林暖长相不错，再铁石心肠也无法拒绝，便同意了。

本来就是打场球，说什么也不会到现在这份上。但问题是林暖在场地角落捡球的时候粗心大意，让铁丝网凸出来的一根铁丝钩住了汗衫一角，她一站起来，嘶的一声，整件汗衫后背开了条大口，成了露背装，因为里面黑色的文胸顿时一起露了出来，又成了露悲壮。任冉先是和在场众人看得甚是弹眼落睛，然后很快反应过来，脱下自己的运动衫给林暖穿上……

于是发展到了现在的样子。

任冉每天都会跟林暖见面。外国语大学地方小，都是林暖去同济。同济不但地方大，伙食也好，常言道“吃在同济”，虽然在林暖看来这几乎无法和家乡的小吃比，但还能凑合。而校区靠近市中心的大学生就是命好，任冉他们学校往南是四川北路，坐车往北是五角场，往东是四平路和平公园，都是城市这角的餐饮娱乐中心地带。相较而言，任冉的几个高中同学不是身在南汇就是身在松江，出门就对着一望无际的田野和密密乍乍的人头，很是刺激，简直是天堂和地狱的对照。但身处天堂的前提是要有钱，尤其是在上海这样的城市，有钱就是天堂，没钱也还是地狱。

所以任冉碰到上官卿的那段时间，他自己也在找兼职。

古往今来，任何不甘寂寞的低年级大学生总会想着给自己找个兼职做做。任冉刚升大二，功课和压力终于不如刚进学校时那么紧，便也成了这不甘寂寞的一员。

这年头大学生来钱猛的兼职无非两种：卖软件的和卖自己的。这两种活计，任冉都干不了，他念的是同济大学的工科而非计算机，又是个男的，于是剩下细水长流的途径：快餐店，或者做家教。任冉受了自己母亲的感染，毅然决定选择后者，好歹这属于脑力工作，比炸薯条烤鸡翅什么的要轻车熟路，规格也高点。

任冉属于浩浩荡荡的家教大军中的一员新兵，要资历，没有，要经验，鸭蛋，唯一能说出去的就是自己同济大学的背景，当然这也就蒙蒙不领行情的人。其实自从高校扩招之后，上海各大名校的人口就像生气的河豚鱼身体一样迅速鼓胀，赤峰路 50 号扔一块石头下去，砸到十几个同济学生没问题，也许还能捎带三两个来串门的复旦学生。任冉拿着自己的学生证去同济的家教中心登记，一看表格上排在自己前面的那串长龙便头皮发麻，于是只好去找宓唐雄。

宓唐雄是任冉的高中同桌。他爸给他起这个名字的意图很明显，希望儿子有当年大唐帝国那样的雄风，无奈好名未遇好姓，读着读着便被人唤作“蜜糖熊”。而宓唐雄也着实不争气，从初中开始越长越胖，一千米长跑和引体向上从未及格，一顿饭要吃五两米饭，饭票每月都买双份的，的确像熊。不过他的成绩还是争气的，考进财经大学念对外贸易。此人大一时就操起了大学生家教中介业务，算是不愧对商科子弟的名声。

任冉和宓唐雄约在北海中学街对角的那家肯德基见面，北海中学就是她妈工作的单位。任冉按时抵达，宓唐雄却发短信讲车堵，要迟到一刻钟。其实他们财经大学离这里也不远，坐车只要一部。因为虹口区和杨浦区交界的这一块也算是上海高校文化圈的东部重镇，沪上排名居冠的复旦、理工科巨头的同济、财经类大佬级别的财大、外语类首把交椅的上海外国语大学，四所一类本科的名牌高校都有校区汇聚在这方圆几公里内。

话虽如此，但最近上海市的地面交通越来越不容乐观，路上的确易堵，而且这么热的天叫宓唐雄骑车或者走路来也不可能。任冉便坐在离柜台不远的地方，端着杯小可乐翻着本专业书。这时有人用手指敲敲他的桌面。他抬起头，不是蜜糖熊高大伟岸的身影，而是一个女孩子。

任冉立刻就认出了上官卿。

当然，这里是北海的地盘。现在正是中午，店里不少都是穿着北海校服的学生。今天她的头发扎着马尾，和上回湿淋哒滴的狼狈样大不相同，却少了什么特别的味道。

他看着她，一言不发。

不认识我了？她问。

任冉摇摇头，讲，记得，但是不认识。

女生讲那倒也是——我叫上官卿，请多多指教。她伸出一只手，动作流畅利索毫不扭捏，与第一次见面时低着脑袋轻声讲话的神态大相径庭。任冉不习惯日本人的招呼方式也不习惯握手，但他还是握了，象征性地，还笑了笑，也是象征性地。他还想象征性地自报家门，道，我叫……

我知道，你叫任冉，冉冉上升的冉，不愧是语文老师儿子的名字。

任冉存心将她一军，道，这名字是我爸起的。上官卿吐了下舌头，转移尴尬问，等人？任冉点点头。上官卿讲那我就不打搅你了，转身走向柜台。她的一个同学已经排在队伍里，上官卿过去跟她讲了一句话，对方还往任冉这里看了看。任冉觉得自己在被人议论，而且是半当面的，感觉甚是不爽，想这个女孩子怎么那么十三点。

可是过了五分钟，上官卿就把一杯红茶摆在了他面前，手里拎着显然是外带的快餐，道，喝这个吧，男孩子喝可乐不大好。

任冉看看她，他没记错的话，上官卿至少要比自己小两岁，这么叫自己实在离谱。但他没动气，问，这算是贿赂老师家属吗?

上官卿讲你也可以这么认为，但我的理解是感谢你上次替我拿毛巾。

任冉点点头，讲，不客气，举手之劳。

{二}

上官卿前脚刚走宓唐雄后脚就踏进了店堂。

夏天是宓唐雄这种人最痛苦的季节，浑身是汗，胸前背后都是一大块湿印子，汗水也不停地淌下来。尽管如此，宓唐雄的脸上却留着诡异的笑。

迟到还这么开心啊？任冉问他。

宓唐雄坐下来拿起那杯可乐就灌，然后大喘一口气，讲，我都看到了。

任冉晓得他是在讲上官卿，便说：我妈的学生。

禽兽，十八岁未满啊。宓唐雄盯着他。

任冉没心情跟他开玩笑，皱皱眉毛，讲，别闹了，不是要我填单子么？

宓唐雄从书包里拿出一张表格和一支笔给他道，年级你就写大三。

任冉皱皱眉毛问：作假？

宓唐雄笑他，讲，你怎么拎不清，人家就是要年级高一点，稳一点，经验多一点。你看看现在满大街奔走的大学生家教，随便拉一个，都号称自己复旦交大的，最最次也是华东师大华东理工，但你真的搜出他们的学生证看看，那叫一个成分复杂啊，连大专的都有——对了，你在经验这栏写上教过两个。

任冉虽然不满意这做法，但还是写了，他晓得老同学总归是为他好。宓唐雄讲现在做家教的学生多，竞争也蛮激烈的，幸好你擅长理科，要是教语文的话天知道什么时候能找到——对了，你妈现在还在教吗？

任冉点点头，签上自己姓名。宓唐雄讲你多劝劝她，跟她讲少招几个，人多怪累的。任冉笑着擂他肥肉一拳，道，做梦吧，你哪是关心我妈身体。宓唐雄收好表格和笔，老佛爷似的往后一靠，讲，手续中介费我就不要你的了，就请我喝杯可乐吧。

任冉笑眯眯地把那杯红茶推到他面前，讲，喝红茶，男孩子喝可乐不大好，知道么？

不出三天任冉的工作就有着落了，海军司令部附近一户人家要个初中数学家教。

其实宓唐雄那里能胜任这工作的财大学生成堆，财经类的学生本就要求数学好，但都被他压下了。任冉第一次感受到人际关系的重要性，想自己当年数学考试答案还真没白给这小子抄。任母对此感触也颇深，一来儿子终于想要自力更生，二来居然也走上和自己一样的道路，果然是世家。可惜任父身在东海油田，不能立刻知道这个消息。

到那户人家骑车只要二十分钟，但任冉周六还是提前十分钟到了那里。这户人家住老式公房，两室一厅。男女主人都在，不过都是出门打扮（后来任冉从小孩嘴里知道两人是要出去搓麻将），见他来了便把补课对象从卧室里唤出来，一唤居然唤出两个一模一样的小男孩，都是初中年级，一看就是顽皮型的。像是看出任冉的担心，男主人讲不是两个都补，然后叫了一声：盛琦！

这一叫，其中一个男孩走了过来，居然十分懂礼貌地弯腰鞠躬，道，老师好。

任老师受宠若惊，先“哎”了一声，想到自己现在是给两个小孩补过课的大三学生，立刻装得稍微沉稳点，点头道，我姓任，以后就叫我任老师。

男主人讲盛琦要补的是数学，另一个你就别管了。然后对另一个男孩道，盛瑾，回小房间去，不要影响弟弟补课。讲好两小时以后母亲回来，夫妻便出门去了。任冉心里松口气，心想教一个比教两个好多了。接着他对盛琦讲，盛琦啊，你要用心呵，你看你哥哥，读书就不要父母操心。

孰料盛琦诚实地将了他一军：我哥哥也要补的，他补的是语文，他那个老师等会儿就要来了。

任冉一阵汗颜，心想这对夫妇真是命苦，首先是在这个教育费用腾贵的年代生了对双胞胎，其次双胞胎的功课都不好，要请家教，最后是两个人差的科目还不一样，还得请两个家教，也不晓得当初怎么遗传基因的……

正想着，门铃响了，想必是任冉母亲的同行来了。盛瑾从小房间里跑出来开门，对着门外打招呼道萨老师好。坐在客厅桌子旁的任冉一听这个“萨”字，心不觉一动，站了起来，痴痴地等看门口。门外的那人脱了凉鞋，踩着地上的拖鞋走了进来，看见任冉，也不由愣住了。

任冉没见到萨雪文有多久了？五年？六年？记不清了。她还是当初的样子，小麦色皮肤，直鼻梁，樱桃嘴，单眼皮眼睛，瘦长身形，即便是夏天也还是喜欢穿黑色，除了头发留长拉直并染成棕色外，其他都没变，至少外貌上是这样的。

任冉张开嘴，想说什么，萨雪文却抢先一步，讲，盛瑾，开始上课吧。

这句话提醒了任冉，他现在在工作，但回头一想，他做家教是为了打发时间，但现在她出现了，他还有必要吗?

正神思于身外时任冉忽然听到关门的声音，回头一看，小房间的门已经缓缓合上。

{三}

任冉找到家教工作的同时林暖也没有闲着。

外国语学院里专门有给外国人介绍中文家教的中介机构，林暖学的专业是韩语，很快就找到一份教韩国人中文的工作。说来这年头读韩语的人也确实不多，负责中介的那个学生讲当初他也给韩国人介绍过不懂韩语的本校学生做家教，结果两个人上课只好都用半吊子英语交流，那景象实在尴尬。

林暖做家教的这户人家是在上海工作的韩国家庭，男主人好像是在三星公司上班，她要教的是他们七岁的女儿。因为林暖的韩语讲得还不错，夫妇很是满意，工资给得还算丰厚。当年林暖念韩语其实是因为高中时受韩流影响，无论音乐、服饰还是电视剧都五迷三道的，就顺带着学韩语口语，高考填志愿的时候也毫不犹豫地填了韩语系，没想到今天还如此捞了一把，开心不已，成为韩流席卷中国后除了让年轻人的裤子普遍肥了一把之外的又一大功劳。

相对而言任冉的第一次上班就颇是曲折了，因为心思老想着那扇门后面的萨雪文，所以自己总是讲错题目，还不小心犯了个计算错误，几乎立刻就被盛琦指出了，狼狈不已，觉得这份差事估计是要泡汤了。谁知道任冉命大，盛琦那个礼拜的数学测验考得特别好，拿了个八十分，那对夫妇很是高兴，并没有觉得他家教做得不好。

任冉一开始以为可能是试卷出得简单的缘故，第二次上课的时候把试卷上几道盛琦做对的大题目另外写在一张白纸上，只是具体的数字变了变，混在自己出的题目里给他做，然后拿上来一看，盛琦考试时做对的题目现在全错了，不是计算失误，而是原则错误。

任冉此刻很有把握地确定这小子考试时作弊，不禁倒吸口凉气，自己第一次做家教，就遇见这么棘手的问题——告诉他父母吧，不但让小家伙对自己产生敌对情绪，那对夫妇对自己的教学水平的看法肯定也要大打折扣；不告诉吧，想想自己从来没有作弊过的十三年读书生涯和读书人的良心，更对不起家教这个差事。但转念又一想，小家伙作弊不是自己的责任范围，自己负责把他的数学水平真正提高起来才是真的对得起自己拿的那份钱，于是便拿那几道作弊的题目再度细细讲解给小家伙听。

这第二次上门家教，到目前为止任冉还没碰见萨雪文。

盛家两兄弟每次补课都是轮换地方，这次是盛琦在小房间里补，他哥哥盛瑾在大客厅补，大约是为了平衡内部矛盾。任冉照旧来得早，在小房间里上课，房门关着，萨雪文来了他只闻其声。萨雪文大概是做了蛮久，每月按时拿报酬，任冉因为尚在试用期，是每次结束结账，故而上回萨雪文时间一到便走人，而任冉却只能等着在外搓麻将结果姗姗来迟的女主人，等结完账跑到楼下萨雪文早已无影无踪了。

两个小时不知不觉就过去了，女主人回来的时候盛琦还在做着最后一道题目，任冉的心思立刻被勾到

外面去了，正想着等会儿怎么在回去时和萨雪文搭上话，外面两个女人对话的声音忽然急了起来，不一会儿就变成争吵了。任冉撇下盛琦打开门，看见女主人面色冷峻，萨雪文则满脸通红。

女人高声道我明明在柜子上摆了三十块钱现在就是不见了！

萨雪文讲我不知道，不是我。

女人讲难道它自己会飞啊？这个厅里就你和盛瑾两个人，盛瑾我晓得的，不会做出这种事情。

萨雪文百口莫辩，只能一再坚持钱不是自己拿的。任冉的脑袋瞬时就大了一圈，想今朝真的是意外连连，什么难堪来什么。女主人看到任冉和盛琦，问小儿子道，盛琦，大哥哥来了以后是不是一直就待在房里？

盛琦点点头。

女人排除了最后一个嫌疑人，更加有理，转向萨雪文，道，你看，这下你还有什么好说的？又问大儿子，盛瑾，上课的时候你离开过老师没有？

盛瑾认真地想了想，讲，我上过一趟厕所，大便。

女人索性不讲话了，像真理女神站在自己身后一样看着萨雪文。萨雪文几乎眼泪水都要出来了，脸涨得血红，一句话也讲不出来。任冉觉得自己此刻有必要作和事佬，好声道，阿姨，有事慢慢商量，她做了这么久家教，应该不会为这点小便宜出格的。

这话不讲倒罢，一讲却刹不住女人的攻击了，什么补了这么久也没有效果啊，什么知人知面不知心啦，什么要教坏小孩子啦，连斯文扫地这样高难度的词汇都扔出来了，还讲这段时间盛瑾语文的提高天晓得是不是她叫自己儿子作弊的结果，贼骨头能教出什么好东西啊？！

最后这句话一下子像火星子落进火药桶一样把任冉脑子里面旧藏的那根筋挑醒了过来，眼神狠狠地剜了女人一刀，语调嗓音都和几十秒钟前的风格相去甚远，道，你这叫什么话？！你这是人身攻击知道吗？

看什么看？你有什么证据讲是她拿的？有没有？没有吧？那就是诽谤！

女人一口气险些接不上来，被任冉的倒戈弄得不明就里，道，你吃错药了？帮她做啥？

任冉立刻回敬她道，要吃也是吃了你家的药，什么样的大人什么样的小孩，我告诉你，你们家盛琦这次测验就是作弊才考这么高，不信你等会儿到屋里去看看他做的那张卷子和后来做的题目，也不知道你们做父母的怎么教育自己孩子！

最后这句话其实是任母谈起自己学校顽皮学生时的口头禅，似乎也是大多数班主任的口头禅。任冉意识到自己跑题了，立刻拉回来，抑扬顿挫步步为营道，不要老以为自己小孩怎么怎么好，坏事都怀疑别人，做父母的素质差，小孩想好也好不了！

女人被任冉气得几乎厥到，脸色死灰手撑桌子一字一顿道，看来你是不想要这份工作了。

任冉冷笑一声，冷得房间里暂时可以不必使用电风扇和空调，然后从自己牛仔七分裤口袋摸出一小卷十块头的人民币，正好三张，在女人面前晃了晃，讲，看清楚了，三十块钱，留着买点法制教育书，不要以后家里小孩出事情被关起来了才想到这个。

说完把钱往桌上一拍，然后也不知道凭哪得来的行动权限，拉起一边的萨雪文便走。在门口穿上鞋子时，任冉不忘对着女人再讲了句：

“留在这里教书，才真的叫斯文扫地！”

一口气下了三楼，两人走出楼门，太阳晒在头顶上热腾腾的，任冉才想起自己还拉着萨雪文的手。

他顺着那条纤细的手臂看过去，看到萨雪文也在看着自己，连忙松开。方才血管里沸着的血液也顿时冷却下来，面孔热里透凉，又不敢讲话，偷偷瞄一眼，发现她正盯着自己的脚。自己再一看，原来出门时只顾着义愤填膺抨击人性，穿的两只风凉皮鞋不但没搭上搭扣，左右脚也穿反了。

任冉的下盘问题被看穿，大窘，急忙蹲下来换鞋子，眼神却不自觉地看到了面前那两条腿。萨雪文今天穿的是连衣裙，裙沿只到膝盖，小麦色的小腿上皮肤光洁，没什么汗毛，小腿肚则线条优雅，草绿色的高跟凉鞋更是将脚踝部分衬托得愈发迷人小巧。

像是看出任冉的目光所在，萨雪文微微后退了一步。任冉晓得自己又粗鄙了，赶紧搭上鞋扣站起来，低着脑袋看树影。萨雪文看了他一会儿，讲，我的东西还没拿下来呢。

任冉这时也才想起来自己带来的雨披还扔在小房间的椅子上，今天气象预报讲有时有阵雨的。任冉愧疚地问她你掉了些什么啊？

萨雪文讲倒没什么，就一把雨伞。

任冉觉得雨伞比雨披贵，自己害萨雪文破费了，喃喃道，要不我回去一趟？萨雪文刚想讲什么，就见两样东西从天上飞落而下，砸在离二人三四米远的水泥地上，正是他们忘记带出来的雨具。任冉看看坠楼的雨披，又抬头看看上面三楼一扇被重重关上的窗户，讲了句：谢了。

萨雪文五年来第一次在任冉面前笑了，笑声不响，却已经让听者隐约触到过去的感觉。任冉捡起东西，把雨伞拍了拍，还给萨雪文，趁热打铁问，你骑车来的？

萨雪文把笑容慢慢收起，摇摇头。任冉冒了下险，道，我送你回去吧。

他心里很没底，五年来萨雪文肯定一直没有原谅他。如没有那失窃的风波，他今天不可能有机会跟她讲这些，也不可能营造出这种战友般的情愫。她完全可能讲不必了，我自己走，或者其他什么托词。那样的话他就没理由继续和她交流，将来更没可能接触了。

可能上帝鉴于任冉今天破费三十块钱挣回了读书人的面子和尊严，对他格外的开恩，用一种神奇的力量让萨雪文在踌躇了一会儿之后点了头。

{四}

任冉的父亲回来了。

因为父亲的工作性质比较特殊，任家三口难得有聚在一起的机会。任母本来是决意要下馆子的，因为丈夫这次回来待不过一礼拜，下次再回来可能是两三个月之后的春节了。任父具有现代知识分子少有的质朴，讲干嘛那么破费，自家人么在家里吃饭就已经是一种气氛了。于是任母不再坚持，下到厨房大展手脚去了，并且坚决不让任父帮忙做下手。任父不想在客厅守着个电视机，于是到儿子房间里溜达。任父每次回来都要到儿子房间里转转，关心关心学习和生活。不过因为平时不在家里，也没有什么能帮上忙的地方。任冉也不怪父亲。

其实任冉在十七岁之前很不喜欢父亲的这份工作，同样是高级工程师，他初中同桌的爸爸就成天坐在高档的办公室或者四处应酬，发表讲话，开座谈会什么的，公家的车子随便开，送高档烟酒的人更是像夏天的苍蝇似的络绎不绝。同样常年不在陆地上，他高中同学那个当海员的爸爸每次回来都带了各种各样的外国礼物，眼花缭乱的，除了南北极之外五大洲的纪念品摆满了一屋子。所以那时他就觉得自己这个交大毕业清华深造的老爹太亏缺了，不划算。

直到进了大学开始关心家国大事，看到全世界石油价格向烧开水一样往上涨，知道小日本在自己土地下面存储了一大堆原油，又在课堂上学到石油在各种工业行业当中的无上价值，任冉才第一次意识到自己老爹的工作是多么重大，毫不亚于高中学生会副主席那个当师长的爸爸，对自己父亲的感情便悄悄升华到前所未有的崇敬和仰慕。

任父看到儿子书桌前面的招贴画还是那张网球明星的，指着那张绿眼睛棕色皮肤的脸孔，道，海报也好换换了，我同事讲他儿子房间里的海报上没一个是男明星。任父在这种方面一向是很开明的，可能是从小就没有怎么管教儿子的缘故，加上当初在美国考察的一年里顺带学习了老外的家教思想，一直把儿子当朋友看待。任冉苦笑笑，讲，无所谓的，我也没有喜欢的女明星啊。

任父“哦”了一声，听到厨房里炒菜的声响，便放心地问，和女朋友还好吧。

任冉有女朋友的事情一直没让任母晓得，倒不是她反对这事情，而是怕她到时候太烦，肯定会让儿子把女朋友带到家里来，用人文的关怀去关爱人家，然后像批考卷一样给女孩子打分数……大一时任冉把他们班的女团支书带到家里来一起弄一份调查报告，任母那个热情呵，把团支书吓得没敢再来。加上林暖又不是上海人，不晓得任母会做何种态度。不过任冉没有对他父亲隐瞒这件事情，任父也没有对妻子透风，这是两个男人之间的秘密。

任冉讲还好，国庆长假准备去她们老家那里玩。任父笑着道，很好嘛，见丈人去了咯。任冉讲哪里啊，现在大学生几个谈到结婚的?

其实他的潜台词是让大家都有个心理准备。

当然另外一个重要的变数也是最近才出现的，他没跟父亲汇报，就是萨雪文。倒不是因为单纯的移情别恋问题，而是因为这三个字在这一家三口的心里都是极为敏感的。

那时任冉的父亲还在北京进修，不过相对现在身处东海油田，回家的频率还算是高的，但这依旧无法阻挡那个年头开始流行的学生早恋风潮，虽然学校紧跟着四处封杀。那阵子中学生里人心惶惶，就跟十年动乱写大字报揪斗反革命似的，不过对象是由下而上——先是平民百姓中的恋情被揭露，紧接着什么小队长课代表也跟着下水，最后腐蚀到了高层，班级的文艺委员和劳动委员那对先被揪了出来，然后就是任冉和萨雪文。

尤其任冉这对，班主任甚为震动。因为班主任自己的小孩也在任母那里补语文，故而对任冉甚是关照和信任，封了个数学课代表。她几乎立刻便通报了任母，后来的事情经过就很程式化了：家长碰头，紧急磋商之后意见达成一致，萨雪文被转了个班级，从此和任冉抬头不见低头见。

如果事情本来就是这样，倒也干脆，不幸的是当初分开审讯这对恋人时，萨雪文大义凛然得像走上刑场前的刘胡兰，骄傲地承认自己和任冉之间存在美丽的爱情。不过这也是她一生中最后一次那么理直气壮坚贞不屈，因为后来她听说任冉在面对相同的审讯时矢口否认他们之间的感情，坚持一切不过是误会——萨雪文的误会，以及老师家长的误会。任冉这种背叛革命的行为并未被多少人知晓，因为在那之后萨雪文变得沉默寡言，任冉自己不可能自揭老底，老师家长更是守口如瓶。所以很多年后当初同班的早恋者们再度提起这件事情时，任冉在他们印象里也不过是个值得同情的难友而已。

那次送萨雪文回家，两个人都没有再提起过去的事情。

初中毕业后两人进了不同的高中，任冉曾经想打听萨雪文的消息，但是清楚萨雪文说什么也不会原谅自己，便放弃了努力，专心念书。他只知道萨雪文的家没有搬过，还是住在虹口公园东门外的老式居民区。因为从那里到海军司令部没有直达的公交车，两个人是走路回去的——任冉的自行车没有书包架，就算有的话萨雪文也不会坐。

一路上两个人都走得很安静，任冉想问她要不要喝点什么，但觉得和人家的邦交还没恢复正常化，这么做太冒失，提议驳回；想问她后来进了哪所高中，又觉得和初中的时间挨得太近，涉及历史遗留的敏感问题，提议再度驳回；想要对当初自己的所作所为跟受害者道个歉，又觉得肯定不如当年德国总理的惊世一跪来得诚恳，不如不提旧事，索性不再冒出提议。

正尴尬里，萨雪文先开口了，讲，今天，谢谢你了呵，害你丢了工作。

任冉咽下口水，讲，没关系的，实在看不下去那种做法，不说几句良心过不去。

萨雪文笑笑，但没笑出声，问，你相信不是我做的?

任冉推着车，雨披塑料袋在车把上一晃一晃的，仿佛回到了当年用自行车载着萨雪文去虹口公园约会的时光，讲，也许你已经不再相信我了，但是我从来没有怀疑过你。

萨雪文没说话，任冉也不知道再说什么好。

任冉没有告诉母亲自己做家教的意外，只好再找宓唐雄。

宓唐雄身躯迟钝，办事动作却很快，周三便又打电话给任冉，告诉他又帮他找到一份家教，教高二物理，本周五报到。任冉跟他道谢，宓唐雄说客气什么，后来你做家教的那户人家还打电话来向我们反映情况，我给她一个电话号码，是虹口区警署的，跟她讲那里的人绝对可靠，你可以找他们做家教。

任冉大笑，讲，你这人也蛮刻薄的。

宓唐雄谦虚道，哪里，都是读书人，不捍卫一下名声岂不是辱没斯文。

任冉讲辱没斯文不是这么用的——对了，那个萨雪文，她也有新工作了吗?

宓唐雄讲你说我们部长啊?

任冉诧异万分：部长?

宓唐雄讲对啊，她是我们系的文体部长——她不做家教了。

任冉双倍诧异，问，怎么不做了?

宓唐雄没那么傻，讲做了一年了，休整一下——看上人家了？手机号码我有的，要么?

任冉躲过他的直白，讲，她是我初中同学，只是很多年没见了——手机号码给我。

宓唐雄那边唏嘘不已，讲，怎么谢我?

任冉讲不是谢过了吗?

宓唐雄发挥商学院本色，道，任同志，介绍工作呢是公事，给你号码呢是私事，要区分来看。

任冉小气一回，道，一杯大可乐。

宓唐雄终于寻到以牙还牙的机会，讲，还是一个汉堡吧，男孩子可乐喝多了不好的。

{五}

任冉没料到这次家教的对象是上官卿。

礼拜五晚上任冉是从学校直接骑车赶到江湾的，按照宓唐雄给的地址到了那家人家的楼下，摁了1506住户的通话键，没反应，不晓得是坏了还是没人，于是拿出手机按纸条上的固定电话打过去，没人接，看来被放了鸽子。正转身要走，看见一个女孩子走了过来。

夏天天暗得慢，任冉看清楚来人是上官卿，倒吸一口凉气。上官卿也发现了他，讲，真巧啊，你怎么来这里?

任冉讲给人做家教。上官卿讲厉害啊，补什么？任冉回答高中物理。上官卿听了立刻掩嘴而笑，讲，我就是你的学生。

闻者再度倒吸口凉气，讲，不会吧，真的假的啊?

上官卿把他真心实意的疑问错当成惊喜的同义句，拿出钥匙开了楼门，讲，进来吧。

任冉没办法，跟着她进了大楼，坐电梯到15层。上官卿拎着麦当劳的塑料袋，任冉讲你晚饭就吃这个?上官卿无动于衷道老爸老妈都有应酬，再说他们自己也不会做饭。

上官卿的家很大，四室两厅两卫一厨，这个厨房显然有点多余，除了水斗冰箱和微波炉果然就没有其他什么厨具。任冉对房产了解不深，但估计这套房子不算装修费的话怎么也要四百多万吧。他问上官卿说你家有几口人啊?

上官卿正在往薯条上面浇番茄酱，对这个问题觉得奇怪，讲，一家三口啊，怎么了?

任冉在沙发上面摇摇头，讲没什么，就是感觉空落落的，没人气。上官卿吸了口橙汁讲，习惯了，我自己也不经常待在家里。

任冉实在想不出高中生除了学校和家之外还能经常去哪里，又不好开口问太多，抬腕看看表，讲，快

点吃吧，等会儿还得讲课呢。上官卿悠闲地嚼着鸡块，另一只手拿着张餐巾纸，道，急什么，是你做家教我就放心了。说着想起什么似的往冰箱走去，边问，你要不要喝点什么，咖啡，啤酒，白兰地？

任冉险些被吓坏，他平时连度数最低的红酒都不喝，便走了个极端，道，一杯白开水就可以了。上官卿倒了杯纯净水给他，盛水的玻璃杯却是用来放威士忌的。任冉怀着颇复杂的心情喝了口水，看着自己摆在沙发边上的书包，讲，你父母不在，我怎么跟他们交流啊。上官卿原本好端端的，听他这话却被一口饮料呛着，笑着捶了胸口半天，看着他讲道，什么交流啊，他们只管给我找家教，其他的才不在乎，我呢，也就顺着他们的意思上上课。

任冉顿时明白了上官卿的意思，也就是说，上官卿的所谓补课不过是做个样子，让她父母觉得自己对孩子的教育算是尽了责，上官卿也就跟着捣糨糊，按她们家的条件，上官卿考大学出点钱就可以了，所以她的父母根本不必在家，上官卿也不必像在任冉家里时那样认真听课——其实一切都是自欺欺人而已，只不过差别在于在任母面前她要演得认真点，而在任冉面前，完全就是敷衍。

任冉想到这里放下水杯，拿起书包站起身道，既然如此，那我觉得在你这里待着也毫无必要，我走了，谢谢你的款待。

说完便到门口穿上自己的鞋子就走。上官卿坐在桌子边起初还愣了一下，等明白过来是怎么回事情之后后悔不已，刚站起身要阻止任冉离开，电话铃响了，只好向墙上挂着的电话跑去，这一段时间里任冉早已走出 1506。一部电梯正好从 18 楼下来，任冉下楼取车，骑出了江湾花苑的大门。

此刻正是晚上七点半，江湾显示出了自己的夜色繁华，逸仙路高架下面车水马龙人来人往，附近几家豪华酒店和宾馆门前的汽车排成长队，不晓得是哪家结婚还是聚会。

任冉骑在车上看着这座城市纸醉金迷的那一面，心里却空落落的。可能上天注定他任冉不是做家教的命，两次上课都遇到特别情况。可也难怪，任冉当初读中学的时候就没有请过家教，都是自己读出来的（当然语文是个例外）。有句话叫做“不喜欢钱的人，钱也不会喜欢他”，在他身上似乎可以延伸为“不请家教的人，家教也不会请他”。但转念一想也不对，大凡能出来做家教的大学生必然是功课过硬的，既然过硬，当初又何必请家教呢？

正想着，任冉本能地感觉到左后侧有汽车开过来，便自动往右内侧靠。

谁知那车不依不饶偏偏也跟着他进来，任冉立刻采取最安全的办法，急煞住自己的车，然后转头看清那辆举动怪异的车子是辆宝蓝色大众 POLO，而且跟着他停了下来，通过没有拉上玻璃的右车窗，看见驾驶座上赫然坐着上官卿。

任冉僵着腰坐在坐垫上面，左脚点地，不讲话。

上官卿前面接完母亲打来的电话，急忙出了门，幸好出来时母亲的车钥匙带着，便开车出来截他。上官卿的车技是跟他爸的司机学的，练了半年多，没驾照，但技术还算娴熟，附近的马路她都在深夜里悄悄兜过。幸好任冉车子走得慢，不然若是过了大柏树那个路口，上官卿就不敢再追了。

上官卿朝任冉讲道，上车。

任冉没理他，但是也没有继续往前走，他晓得既然上官卿会开车出来截他，那么他再往前骑的话上官卿还是会截住他，毕竟她有四个轮子。

上官卿急了，道，算我错了行了吧，我没驾照，车停久了被警察看到就完了。

任冉表面上无动于衷，看了她一眼，问，认不认真学？

上官卿头点得勤快不已，认真学，比上你妈的课还认真，行了吧。

任冉吸吸鼻子，看着周围的车子绕过上官卿行驶，终于妥协，对着她道，我骑着车呢，你在前面那个路口调头吧。

上官卿点点头，但没动，讲，我在你后面跟着，可不许骗我。

任冉叹口气，道，晓得了。

上官卿摇摇头，右手换了个档，在车子启动前扔了一句话：任冉啊任冉，你还是第一个要我开车子出来追的男生。

{六}

开学没几礼拜就到了国庆长假，那时任父已经离开了家。任冉他们班的外地同学没几个回老家，不是待在学校埋头念书就是和其他朋友结伴出去玩，但任冉和林暖讲好了去扬州。

相较之下中学生们可没有那么幸福，任母的家教班节日期间仍旧照常运转，只有去东南亚旅游的上官卿除外。

任冉和林暖在扬州待了三天，晚上住宾馆。

林暖对自己父母说过把一个朋友带来玩，她父母也是老师，尽管大致也了解任冉的身份，不过既然女儿没有多讲，自己也就不好执意追问下去。林暖也觉得没有让他住到家里来的必要，当然到扬州第一天任冉还是提着礼物登门造访了，有点女婿上门的味道，当然四个人都晓得其实不是那么回事情，完全是种礼数罢了，不过二老很热情地招待了任冉。

晚上回到宾馆，任冉问林暖今晚是不是还要回去。

这属于典型的明知故问，林暖已经回了老家，无论如何也不会留宿宾馆。林父林母和大多数中学教师一样属于保守派别，林暖若是不回家的话第二天回去肯定要被唾沫星子淹死，到现在她连抽烟也没让父母知道，何况这个？林暖讲当然咯，我要是留在这里过夜，一来我很难保证你不会做坏事情，二来我爸妈也很难保证你不会做坏事情，他们肯定会每隔半小时打一次电话到这里来，你信不信？

任冉笑了，他信。高中时他参加一次优秀学生冬令营，下榻福州一家宾馆，任母晚上至少打五六个电话，不是关心冷暖就是提醒注意卫生，说到底就是因为那次冬令营女多男少，怕出点生活作风错误。

林暖讲那你早点休息吧，明天早上八点半我来找你，别赖着不起床啊。

任冉讲知道啦阿姨，不放心的话你八点钟从家里打个电话给来叫醒我。

林暖捏了下他的脸，又亲了一下，便走了。任冉打开电视机，进浴室洗了个澡，出来后裹着条毛巾，打开一听宾馆门口超市里买来的汽水，正换着频道，床头柜的电话机响了，以为是林暖到家报平安，接起来一听，是个嗲里嗲气的女人，问，先生，需不需要客房服务？

任冉在空调间里背上吓出了一层细细的汗珠，连忙挂了电话。过了大约五分钟电话又来了，任冉便不再去接。过了一会儿手机上来了条短信，任母发来的，问，为何不接电话？

今天刚下榻到宾馆，任冉便把自己房间的电话号码发给了任母，方便每晚报平安，因为他对他妈宣称自己是和同学一道出来旅游的。任冉知道自己警惕过了头，连忙发条短信讲刚才在洗澡，一切安好，勿担心。

报完平安，林暖的电话和短信却迟迟不来。任冉估计小姑娘不会出什么事情，宾馆到她家坐出租大约只要十一块钱的起步费——扬州的起步费好像不是十块钱？不清楚。

任冉看看表，九点多了，决定早点睡了。刚关了电视和灯，手机便响了，橙色的灯光在漆黑的房间里格外醒目。

他打开一看，居然是萨雪文发来的。

昨天也就是十月一号的时候他发过短信给萨雪文，内容无非是祝她国庆节快乐，但萨雪文一直没回。

谁都看得出来，祝国庆快乐是个天大的借口，任冉在这之前还从来没跟别人发过国庆祝福。但是自从他从宓唐雄那里弄来萨雪文的手机号码之后就一直没敢贸然行动，近来也只有这个机会可以联系她。本来那天把萨雪文送到她家楼下时任冉是想问她要个联系方式的，但是觉得太急了，搞不好会起到截然相反的作用，便只是跟她挥挥手告了别，萨雪文也没有主动要他留个电话号码什么的。

萨雪文讲谢谢啦，昨天手机坏了，拿去修，现在刚拿回来。

从内容上看任冉断无再回复她什么的契机，假如是别人也发来这么一条，任冉都是不再回过去的，但是萨雪文却大不一样。

任冉当年面对家长老师三堂会审的时候，尽管并未表现出男子汉应有的风度，矢口否认他和萨雪文之间的关系，但内心里还是没有忘记自己当初对萨雪文讲的那些话，那是在虹口公园的假山上说的。五六年之后任冉躺在扬州宾馆的单人床上，还依稀能在脑海里浮现出从山上看下去风吹动公园河边的柳枝、远处草坪上放着的几只粉色的风筝以及萨雪文满脸绯红的神情。他们那时好像还背着书包吧，里面的书沉沉的，心却像那风筝一样越飞越高。但其实他们当时做出的最大出轨动作便是接吻，而且只是蜻蜓点水式的那种，

下山的时候任冉牵着萨雪文的手，到了山下人开始多起来时便轻轻松开了，仿佛很有默契似的。

任冉双手枕着自己脑袋，看着光线幽暗的房间天花板，空调机打冷风的声音轻轻回荡在整个房间。

如果当时没有被发现，他们现在会怎么样呢？也许没出一年就分了，也许到高中后其中一个或者二人又都另有新欢了，也许能谈到大学，但可能性不大。假如和萨雪文谈到大学，她也许会同意做那些林暖一直不让做的事情吧？至少林暖讲自己初中时没有谈过恋爱，可是真相谁也不知道。

任冉觉得自己胡思乱想，扯远了。但他又试着回忆当初和萨雪文在假山上接吻时的那种奇妙的感觉跟滋味，却失败了。很多年了，当时也太紧张，手心里都是汗，脚在发颤，来不及细细体会。不过现在回忆起来，这个吻之前好像还是萨雪文自己先闭上眼睛给他的暗示。当初真是什么都不懂，她就这样把初吻献给了一个软弱的男生……

任冉忽地鼻子一酸，在手机里翻出萨雪文发来的那句话，上上下下看了好几遍，就有一种不甘心，发回去问你节日没出来旅游啊？

幽暗空间里的等待总是漫长的，即使回信过来不过只过了一两分钟。萨雪文讲父母没时间，自己也找不到同学，懒得出去。

任冉看过大喜，这就有百分之八十的可能说明萨雪文目前为止还是单身，否则不会找不到人一起出去旅游——不然应该像他和林暖这样……任冉愣了一下，林暖，他怎么忘了他有女朋友的呢？任冉拿着手机翻了个身，眉头微锁。萨雪文的态度最多也就表示对过去既往不咎，大家现在是朋友和校友关系，而任冉却是有了非分之想，并且从历史角度来看是极不光彩的。自己若是摆明那种希望关系更进一步的态度，萨雪文应该会鄙视自己吧？也许是极度的鄙视，甚至是厌恶。

想想也是，没什么比历史遗留问题更难解决和逾越的了。

任冉忍痛把想入非非阉割掉，回了一条，讲，是这样啊，可惜。

萨雪文没再回短信。

任冉关了机，然后一夜没睡好。

过了国庆天气开始转凉，十月末同济的一个学院跟财大要办一场网球友谊赛。

宓唐雄事先给任冉透风说比赛是萨雪文她们文体部搞的，比赛时她肯定会来。可惜和财大对抗的学院不是任冉他们那个，又不能招外援，只好去作壁上观。

比赛在同济举行，因为是校际比赛，观众很多，与拉拉队一起在隔壁场地和铁丝网外面站了一圈。任冉果然看到了萨雪文，在和同济学生会干事一起布置记分板，一边跟负责 DV 摄像记录的学生面授机宜。萨雪文显然看到了任冉，便抽空走出球场过来，道，巧啊，原来你在同济念书。

任冉点点头讲是啊，不过可惜不是和你们对战的那个学院的。

萨雪文笑笑讲，你可以做记分员啊。原来今天是同时分四场打的四分之一比赛，球童裁判司线和记分员人手不够。

任冉受宠若惊，立刻回答行啊，我可以帮忙。

记分员只要听裁判的口令记分数，不需要技术。任冉比赛时虽然站在记分板边上，眼睛却一直盯着萨雪文。她今天穿得很运动休闲，橘黄色跑鞋，白色运动裤衬托出修长的双腿，淡黄色的 T 恤衫，蓝色棒球帽，后面穿出一根活蹦乱跳的棕色马尾辫。不少男生也在关注着萨雪文。任冉估计整次比赛结束后会有不少男生想要上去套近乎，心里不由生出一种矛盾又复杂的情感来，像无数只网球在心里乱撞，两次没听见裁判

员的记分口令，其中一次还被萨雪文撞见，尴尬不已。

比赛结束，同济的四名选手里有两个入围半决赛，与财大两名选手抽过签之后知晓了下周的半决赛将和谁对阵。收拾场地的时候任冉刻意和学生会的人留了在最后走。萨雪文吩咐完收尾工作，转向任冉，道，今天真是谢谢你了。

任冉摆摆手，说，举手之劳，你们下次半决赛可要叫上我。

然而任冉万没料到过了一个周末，等到半决赛的时候，他的手已经举不大起来了。

原因就是上官卿。

{七}

那个周末其实本来很值得庆幸，因为上官卿的高中物理测验终于历史上第一次及格了。

那时任冉已经给上官卿补了五次课，上官卿也的确比较争气，物理成绩有了质的飞跃，测验拿了六十七分。不过因为有上次盛琦的经验教训，任冉听到她的成绩之后没有盲目冲动，而是很平静地把考试卷拿过来像公司老总看财务报表一样看了许久，在确定里面的题目的确有不少都是自己给上官卿做过的之后才眉头舒展，嘴角笑容绽放，道，总算没白费力气。

上官卿不买他的账，讲，我们老师讲了，这次测验的水准比较简单，班里大多数人都及格了。

任冉不理会她的刻意打击，扬扬眉毛讲，这不要紧，我给你做的题目量再翻上一番，保证你下次测验就算老师出得再难也能及格。上官卿“啊”了一声，黑色水笔在指尖灵巧地转了一圈，道，怎么能这样，本来决定请你这个老师吃夜宵的，现在不请了。

任冉讲随你便咯，正说着，眼光扫到上官卿摊在桌子上的一叠考卷里一个醒目的红色阿拉伯数字“53”，信手抽出一看，居然是语文考卷。任冉把这份考卷在她面前晃了晃，问，同学，这是怎么回事？！

上官卿嘴硬，道，你是我的物理家教，关心我语文干什么，又不是你的职责。

任冉板着面孔讲这是不是我的职责，但却是我妈的职责，作为儿子我当然有义务替她关心一下。上官卿讲你这是狗拿耗子，何况，这份卷子就是令堂大人出的，这上面的分数也是她的朱批，该关心的她老人家也关心过了。

正说着，门口的通话机铃声响了。上官卿走过去拿起通话机问谁啊。过了一会儿她放下通话机，一边穿鞋子一边讲我下去有点事情，你等我一会儿。任冉“噢”了一声，就坐着等。可上官卿过了半小时也没回来，打她手机也是关着的，任冉想不要是出了什么事情吧，便坐电梯下到底楼，刚出电梯门就看见上官卿和一个男生正站在门口横眉冷对一言不发，现在加上他的出现，场面更显得有些尴尬。

上官卿看看任冉，甩给那个男生一句“我还有事，你走吧”。

任冉觉得她讲这句话时候的神情和语调跟刚才简直判若两人，和一个十七岁的高中女生的气质相差十万八千里。他忽然庆幸上官卿不是自己的老师或者女友，更不是自己的妈。

上官卿正要和任冉走向电梯，男生吼了一声“站住”，任冉就真的站住了，转过身看见对方正看着自己，眼神里像要喷出火流出毒——显然他是误会了什么东西。任冉正想讲什么来澄清关系，忽觉一阵风朝自己扑面而来。

任冉还没有反应过来，自己的肚子上先中了一个直踹，正中肚脐眼；紧接着左边的腰部震了一下，一阵酸疼；还没来得及等左手捂住腰，左肩又被另一股巨大的力量击中，整个人往右侧飞出去。如果不是自己亲身体验，任冉根本不相信自己会如此轻易地在几秒钟内被打倒在地。

他躺在地上，抬起头，看到那个男生已然站在自己面前，感觉身形异常高大，面部模糊，但双目有神，似乎想要做最后一击。

关键时刻，上官卿叫了一句：“你再不走我报警了！”

对方僵直了身子，看看她，一扭头，很快消失在门口外的夜色里。

在电梯里任冉背靠镜子站着，感觉自己可能一周内是不能双手持球拍打网球了，不禁问道，他打架挺厉害啊。

上官卿看着不断闪烁跳动的楼层数字板，讲，他大学里练过跆拳道的，好像是黑带——对不起，连累你了。任冉摇摇头，动动自己的左臂，肌肉有些酸，但没伤到骨头，不剧烈运动的话不很要紧，问，男朋友?

以前是。

你们刚才在闹分手?

嗯，他觉得我抛弃了他，以为你是我抛弃他的原因。上官卿边说边撸了下耳际的头发。

任冉还是第一次看见上官卿那么安静地站着，一动不动，目光深邃。自己当年和萨雪文谈恋爱时，好像没这么深邃的眼神，可能是因为他们当时还太小，也没有经历内部的决裂。现在的高中生就不同了，熟得比他们当年要早很多。有个笑话，是关于任冉他舅舅儿子的：一天他舅舅在家接到一个电话，一个小女孩打来的，开口就讲，找我老公 XXX——这 XXX 就是他舅舅的宝贝儿子，而他儿子只有幼儿园中班。

这是个疯狂而又美丽的世界。任冉想。

回到房间，上官卿从冰箱里拿出冰块包在一块干净棉纱布里，给任冉放在肩膀上敷着，然后倒了一小杯白兰地，不由分说逼着他喝下去。甘醇的金棕色液体顺着喉咙滑下去，感觉热辣辣的，不一会儿上半身已经开始有些发暖了，的确是上好的白兰地。任冉放下小酒杯，道，看不出来，你还挺会应急的。上官卿把杯子拿到厨房间去洗，一边讲，边上没人的时候总得自己照顾自己。

任冉听了点点头，这话在理。

上官卿从厨房间里出来，手上拎着一瓶开了盖子的百威。任冉皱皱眉毛讲未成年人好像不能喝酒吧。上官卿没理会他，喝了口酒，坐到桌子边，看着那堆物理习题，忽然道，其实我不止十七岁。

任冉没听明白，讲，你说什么?

上官卿往椅背上一靠，用一只手背垫着另一只手肘，看着瓶子里的液体，道，小学的时候我患过肝炎，病休了一年，后来初中因为成绩不理想，留了一级，但还是不行，所以中考时出钱才进了北海。说罢她面孔转向任冉：所以，我不但是借读生，而且，我只比你小一岁。

任冉也往沙发背上一靠，吸吸鼻子：为什么对我说这个?

上官卿讲我从没跟其他人讲过这些，我的学生证和登记证上的出生日期是假的，只有身份证上的日期是真的，我父母是怕我在学校受歧视，其实我无所谓，但又不想把这个秘密一直闷在心里，所以，就跟你说了，因为……

因为我只是你的家庭教师。任冉接过话茬：没有机会告诉你生活中的其他人。

上官卿笑着点点头，讲，也对。任冉拿手指搔搔脸，问，那么，你为什么和他分手?

女孩耸耸肩：没感觉了。说完喝了口啤酒。任冉把冰块包放回茶几上，讲，那我还是能理解他的心情的。

上官卿把瓶子放在桌上，问，你也有这种经历?

任冉揉揉自己的肩膀，感觉不那么疼了，叹口气，讲，算是吧。

上官卿笑笑，拿起啤酒瓶，看看墙上的挂钟，讲，时间到了，你要是肩膀不碍事的话，可以走了。

{八}

所以到了第二个星期，财大对同济大学的网球半决赛时，任冉的手臂还在隐隐作痛，不过他还是提前到了比赛场地，萨雪文他们也很早就到了。

今天除了上周那样的人员配置外，萨雪文他们还借来了三块黑板和一堆粉笔。

后来任冉才知道这次比赛，财大的校方不是很热心，只有同济大学还算不错，低价借出了场地。但毕竟缺了一半的支持，所以宣传方面能省则省，传单一律黑白的 A4 纸，海报就用两块大黑板代替，反正能进财大同济的人，当初在中学小学不是班长也是个中队委员，没少出过黑板报，这时纷纷重操旧业。

萨雪文单独负责一块黑板，虽然快三年没碰粉笔了，但用白粉笔略微勾勒了几个人物轮廓后，似乎慢慢找回了感觉。白色和彩色的粉笔灰在她指间细细落下，她的动作越来越快，却没有丝毫的偏差。有几个同济大学的学生会干部见她这么熟练，开玩笑道：萨部长，看你这手势，当初也是班级里搞文宣的吧?

萨雪文脸上绯红了一下，没说话。边上财大的一个干部让她递个黑板擦过去，她一转身，目光就触到了站在身后几米开外的任冉，脸颊忽然就烧起来了。两个人自从家教重逢后好不容易建立起来的那一些克制和礼貌的友谊，在那块普通的黑板前面荡然无存。

时光荏苒，倘若倒流五六年，任冉便面对着初二的宣传委员兼语文课代表萨雪文，而数学课代表任冉虽然在智力上大多继承了父亲的理科细胞，但母亲的文科遗传也没有完全被覆盖，还是学习委员。那时班级的黑板报一周一版，皆以督促学习为主要内容，写一手漂亮黑板字的宣传委员和学习委员自然是经常要搭班子的，每周的周五都要留到最后才走。

忽然有人跟任冉打了个招呼，把他从回忆中叫醒，他回应一声，再看看那边，萨雪文动作迅速地第一个出完了黑板宣传画。任冉看出来这是日本动画片《网球王子》里的几个人物，放在这里倒也应景。他不禁感慨，当初一起出黑板报的时候，流行的动画片还是《灌篮高手》，萨雪文给校运会出黑板报还画过里面的人物，而如今的初中生大概也就知道这个动画片的名字，真的是崔健歌词里唱的“听说过，没见过，两万五千里”。

任冉看着萨雪文轻轻拍着被粉笔灰染色的双手，接着萨雪文似乎也要看向自己这里，连忙下意识地把眼光转向了别处。

萨雪文看到了任冉刻意把头扭开的动作尾巴，眼皮一跳，从衣袋里拿出一包湿巾，打开擦了擦手，才向任冉走去打了个招呼。任冉很官方地回应了她，但看着她捏在手里的湿巾上五颜六色相互拼杂的痕迹，心里也是相同的复杂。

遥想当年，他们初中时的黑板报已经开始讲究版式和色调的创意，萨雪文也是这样子，左手的指间一排各色粉笔，分配得当，经常还要尝试颜色搭配，觉得不行了，就用黑板擦擦掉。她手小，不可能同时拿

着板擦，在她后面监工一样的任冉就额外多了个给她随时递黑板擦的任务，宛如手术台上给主刀医生递剪子的小护士。

每次出完板报，萨雪文的手总是五颜六色，任冉的手也跟着遭殃。那时调皮，萨雪文会把粉笔灰弄在他脸上，他也不甘示弱地回敬，然后两个人一起去离教室最近的男厕所唯一的一个龙头下洗手。周五，初中部的地盘总是空旷，经常一个楼层都没人，他们可以放肆地互相泼手上的水，但每次叫停休战，总是萨雪文主动拿出餐巾纸给他擦干手。

终于有一次，两个人就着那个龙头洗手，距离没隔开，也不知道谁往下了点还是谁往上了点，忽然两双手就洗到了一起，却也没有立时分开，而是在稀里哗啦的水柱中搓到了一起，分也分不开来。

三个月后，东窗事发，从那之后一条不成文的经验便在各年级班主任之间流传开来：每周五出黑板报，假如没老师盯着，只要有异性共存，就至少要有三个班干部同时在场。

{九}

那天网球比赛的赛果是两校各一名选手杀入决赛，两天后就是总决赛。偏巧那天任冉有整整一下午的课，还有一个重要的试验，就没能去看比赛。课间休息的时候他听系里仅有的那么几个女生嚼舌头，说前面的几场网球比赛是双方商量好谁赢谁输，只要保证两校各有一人进决赛，这样就有了可看性和观众的积极性。

任冉没有参与她们的讨论，心想等下了课比赛也该结束了，现在越说只能越懊丧。谁知道上帝对他再度开恩，试验课一结束，手机就响了，萨雪文打过来的，讲，你现在哪里？

任冉激动得手机都拿不稳，讲我刚下课，你们那里结束了？

萨雪文嗯了一声，讲我们赢了，现在在你们学校东门外面那家川菜馆里，你也一起来吧，我还没好好谢你呢，二楼啊。

任冉欣喜不已，讲了句好，就立刻飞身上车，骑到一半被风一吹，脑子里的神经反应过来，责备自己忘了刚才问那里是不是只有他们财大的人，如果是的话可尴尬大了。但既然都答应了萨雪文，再想想自己学校那些条件不错的光棍们，危机意识立刻战胜了理智和林暖的客观存在性，飞快地骑到川菜馆。

很幸运，两家学校的人都在，坐了足足两桌，而且气氛融洽、热闹非凡。任冉在自己学校里网球打得也小有名气，在座的几个同济的网球选手都认得他，一阵寒暄，不过他还是坐到了萨雪文边上。

那天晚上每个人的情绪都特别高涨，冠军被同济的人在酒桌上小小地报复了一把，灌进不少黄汤，走出菜馆的时候不要说网球场上矫健的身手，已经连男女厕所都很难分清，最后财大的第四名和一个文体部干事叫了辆车一道把冠军送回去。同济的人见冠军倒了，还不罢休，端着酒杯朝财大的文体部部长走过来。财大人手紧缺，在座多是文弱女生，关键时刻任冉把手往萨雪文面前一挡，端着酒杯道，她的酒我喝了，好不好？

过来敬酒的季军是任冉平时在球场上的老对手，和老朋友一样，不能不给面子，道，好，爽气，我就先干为敬。

说罢一仰脖，一杯啤酒下去了。

任冉既然挺身而出，便断无收兵退缩的道理，也一仰脖，速度稍微慢了点，但终究也是干掉了。萨雪文在桌子下面悄悄拉拉他的衣角，暗示他不要喝太多。任冉一杯酒下去，世界观已经暂时性地发生了翻天覆地的变化，把这个动作当做是鼓舞和赞扬，士气大振，觉得自己可以万夫莫敌千杯不醉，又挡了几次轮番轰炸。幸而同济的人对同门最终没下死手，否则任冉走出餐馆的时候很可能步了冠军的后尘。

出来的时候时间只有七点多钟，财大的人都坐车走了，只有萨雪文陪着五迷三道的任冉走在学校的环形跑道上醒酒。任冉步子有些晃，但路还是走直线，脑子仿佛前所未有的清醒，可就是对四肢调动不起来。一圈下来任冉讲我累了，坐一会儿吧。萨雪文点点头，便坐在看台上面。球场上还有人在踢球，几个年纪大的老人穿着蓝色线裤在跑步，不紧不慢，一圈又一圈。

任冉触景生情，加上酒后壮胆，讲，好像初中的操场上也是这幅场景，不过都是体育班的人。

萨雪文像尊塑像坐在那里，一只手垫着下巴，喃喃道，你还记得啊？

任冉讲怎么不记得，那时候你和我经常帮老师批考卷，改作业，开班会，出板报，哪次不是弄得很晚出来的？那时候教学楼前门都锁了，只好走偏门，要经过操场，我记得锁门的老头特别凶，我们叫他，叫他……

叫他八哥，是八嘎牙路的简称，因为他个子矮，凶起来像日本兵。萨雪文提醒道。

看来她也没有忘记过去，哪怕是小得不能再小的细节。

任冉讲对的，八哥，他后来退休了，我上次回学校的时候，已经是个中年人负责锁门了。

萨雪文看了眼任冉：你回去过？

任冉点点头，酒的作用没有全部消失，但正在慢慢驱散犹豫：大一回去过一次，大部分认识的老师不是调走就是退休了……班主任也是。

萨雪文没接话茬。任冉踌躇了半天，缓缓道，雪文，对不起。萨雪文还是没讲话，身子僵直了许久，忽然一下子软了下来，一口气轻而缓的叹出去，讲，我从来没有再回去过，从来没有。

任冉的酒到底没有白喝，直接问她，想回去看看吗？

萨雪文不是白痴，知道这个问题的深层次意义，干脆地摇摇头，讲，不想回去了，因为对它没有感情了，有的话，也只剩下……

她说到一半停住了。任冉晓得不会是什么好的感情，清楚再讲下去也没有结果，便苦笑一下，吸吸鼻子，道，那就听你的，不回去了，不回去了。

萨雪文站起身讲不早了，我该走了。任冉也晃晃悠悠地立起来讲我送你到车站。萨雪文摇摇头，说还是我送你回寝室吧。任冉摆摆手，有些愠恼道我没喝醉。但他没料到萨雪文其实是声东击西，只听她眼光闪烁道：

“可你讲的尽是醉话。”

这句话有如战役结束前的最后一颗炮弹，在任冉耳朵里爆炸。他的眼皮跳了一下，微张的嘴巴像门被打哑的山炮炮口，一股烟从心里面缓缓冒了出来，眼神里余下无尽的伤感和失落。

{十}

进入秋天的最后一个月份，时间也像热胀冷缩似的，日子过得特别快。

十一月份是生日的高峰期，任冉的熟人里有四五个当年都拣在这时候出生，而且大多数都是二十岁的大生日，不能马虎敷衍，任冉参加生日宴席参加得几乎反胃。

快到十二月的时候宓唐雄打电话过来，提醒他过一礼拜就是自己生日了，要请任冉吃饭。尽管那阵子任冉每隔个五六天就能吃到一次生日蛋糕，但老宓的生日绝对要给足面子，而且礼物是不能像其他人那样意思意思便可以搪塞的。幸而他给上官卿做家教的收入颇丰，一小时七十元，加上任母自作主张给任冉每个月零用钱涨了三成，任冉的手头还是颇为阔绰，便跑到运动商店给他买双打折的耐克。

宓唐雄请客那天正好是礼拜六晚上，在四川北路海宁路上的一家火锅店，开了三桌。宓唐雄显然学聪明了，生日宴摆在一道开，不再分散办理，一桌高中学同学，一桌初中同学，另一桌则是大学同学。宓唐雄自己没有固定座位，端着酒杯在席间自由走动，干杯敬酒，谈笑风生，挥洒自如，到底不再是当年那个穿着芝加哥公牛的篮球衫听着张震岳咬着“香蕉先生”牌冰棍上课发个言都结巴半天的蜜糖熊了。

任冉是坐在高中同学那桌，但是眼神老往大学那桌飘。宓唐雄也是他们系文体部的，所以萨雪文也来了，和学生会的人坐在一道，边上是两个女生。

萨雪文今天穿了件淡天蓝的毛衣，下面是雪白的时装裤，两侧的头发向后梳去扎成辫子，任冉以前听林暖说这叫公主式发型。萨雪文也的确是那晚的公主，不少男宾的目光都被她吸引。任冉边上的前体育委员不晓得任冉和萨雪文的关系，还跟任冉讲萨雪文是今晚最漂亮的女生，自己要是财大的就去追她了，不晓得她有没有男朋友。

任冉听了这话在心里苦笑不已，想当初自己真是做叛徒的命，毁了自己在她心里的形象——如果当初他要是坚贞不屈一下呢？萨雪文会不会感动得五体投地，发誓跟他一辈子呢？假如是这样，他现在还会不会是在同济念书呢？

那时真是一切未可知，一切充满变数，扑朔迷离。

可惜现在，一切都成了定局。

任冉凑过去，跟体育委员讲，别瞎操心了，听蜜糖熊说过这个女生，她有男朋友了，关系好得很。体育委员失落了一下，不过很快就好了，又和边上的人讲笑话去了。任冉松口气，觉得自己的做法无谓又可笑，但好像又非如此不可。

席上萨雪文没看过他一眼。

吃完饭宓唐雄请大家去久久红 KTV 唱歌，一部分人中途退场，萨雪文便是其中之一。

按理任冉和宓唐雄关系铁得很，应该奉陪到底，但这时候也打了退堂鼓，说家里还有事要回去了。宓唐雄当然不是傻子，晓得任冉打什么主意，挥挥手讲去吧，下不为例啊，对了你也是到虹口公园附近的吧，送送我们部长。

这一唱一和萨雪文自然也听得出来，只是没有揭穿，由着任冉一路护花。两个人便坐 21 路公交车沿着四川北路慢慢北上。车上很空，每个人都有位子，任冉和萨雪文坐在最后一排，因为车速慢，不感觉颠簸。倘若四川北路还是以前那条四川北路，两个人略微触景生情，也能制造点气氛。可惜自从道路改造工程之后，原本繁华热闹的四川路大不如以前，南段越来越冷清，只有北部略微维系着之前的繁华，像根开始冷却的老油条。

路过东宝百货门口的时候任冉终于只能没话找话，讲，前面吃饭的我们高中同学都夸你很有气质。

萨雪文笑了笑，似乎习以为常，讲，是吗，谢谢他们了。

任冉挪动一下身躯，继续问，你后来不做家教了啊？萨雪文点点头，讲，学生会有很多事情，兼顾不过来，还有学业，所以不做了。

任冉吸吸鼻子，冒天下之大不韪，问，不是因为我？

萨雪文转过来看看他的脸庞，一字一顿道，没这个必要。任冉闻到她身上散发出来的淡淡的香水的味道，像夏天的清风吹起河边的杨柳枝，结合着荷花的味道，香气沁人。汽车开上横浜路桥，任冉的心也跟着高了一下，讲，我不甘心。

萨雪文看着夜景里那条幽暗得不和谐的河道，讲，你的女朋友呢？她甘心？

任冉愣了一下，问，你……怎么知道？

他记得没有告诉过萨雪文或者宓唐雄自己有女朋友。萨雪文面无表情，不动声色，讲，上个周末，你们是不是在虹口公园正门那里的麦当劳吃东西，还带了一个小孩吧，是她亲戚的，对吗？

任冉没有讲话。萨雪文讲我在那里的公交车终点站等车，在车子上看到的。

上个周六任冉的确是和林暖在那里吃午饭。那个小女孩是林暖做家教的学生，因为父母有事出去应酬，就把小孩交给林暖，加倍付她工资。这几个月下来林暖已经跟这户人家很熟了，他们很信任林暖。任冉在窗边逗小孩子玩的时候早该想到这里离萨雪文她们家只有三百米的距离，而且那里几乎是萨雪文出门的必经之路……

任冉无话可说。车子在宏基广场前面的那个路口停下等绿灯。

怎么不说话？萨雪文先开口了，像是逼供，只为他最后的正式认输投降。

任冉低着头，道，她的确是我女朋友……

一个耳光很轻地打在任冉的左脸颊上，不痛，却把他打懵了。车上没有人看到他们的举动，大多数人都坐得比较靠前。车子再度启动，摇摇晃晃，一会儿又在复旦附中门口停下了，这里有一个站头。萨雪文倏地起身，快步走到后门，跟着一个中年妇女下了车。

任冉左手摸着自己的脸颊，看着萨雪文的身影消失在车门口，目光迷离，嘴唇轻蠕，双脚却像生了根似的，动弹不得。

{十一}

一直到临近圣诞节，任冉也没有从那次萨雪文在车子上给自己的耳光里恢复过来，不再打网球，宓唐雄给他又介绍了份周日的家教，他也推辞了。那段时间任母的家教却异常红火，又有不少学生慕名前来。与此同时上官卿却逆大流，退出了补课。任冉没问她理由，她也没有讲。

圣诞节，也是北海中学的校庆。

北海中学的前身是所教会学校，最老资格的校长是上帝本身，所以圣诞节变成了校庆日。二十五号是周六，所以晚会开在二十四号星期五那天。而且今年正好是建校一百周年，全校上下都很重视，请了一大堆的校友回来参观，因为学校场地实在太小，校庆文艺晚会就借了同济大学的礼堂。同济和北海历来是合作伙伴，每年不但有很多北海学生考进同济，北海每年一度的田径运动会也是借同济的场地。这次校庆同济的一支学生摇滚乐队还助阵演出。

校庆当天北海中学一千八百多个学生把礼堂坐得水泄不通，不少同济学生也挤进来看热闹。任冉因为和那支同济乐队的几个成员比较熟，所以帮着他们在后台保管乐器，从另一个角度欣赏演出。他在后台看见了上官卿，原来她也有节目，是六个人的街舞。任冉认出她，朝她点点头。上官卿因为紧张，只朝他挥挥手，没有像往常一样和他打招呼。

但谁也没想到这是麻烦的开始。

圣诞节那个周末刚过，任母礼拜二晚上便打了个电话让儿子回家一趟。

任冉以为是父亲出了什么事情，撇开晚自习一路飞蹬赶回家。他家离学校很近，骑车半小时。一进门，任母坐在沙发上，电视机开着，目光却在他身上。那种目光很熟悉，任冉记起来，当年他和萨雪文东窗事发的时候，任母赶到学校，站在办公室外面空荡荡的走廊上，也是这样看着自己。

小冉，坐下。任母关掉电视机，指指左手边的沙发。

任冉把书包放下，坐到沙发上面。任母很多年没有和儿子这样谈话了。这么多年书教下来，任母已经有了熟练的控制语言文字力量的能力，每个字都能把控得恰到好处，每句话都极有战略和分寸。而这种能力通常都是用在自己学生身上的。自从任冉考进大学后，她一直觉得没有必要和机会再对自己儿子使用这种能力。可惜她错了，家教家教，不但指家庭教师，也指家庭教育。这些年她只顾着做别人的家庭教师，忽略了自己儿子的家庭教育。

任冉看着自己母亲，等着她破题。

今天我在学校里听到一些不好的传闻，任母讲，当然一切仅仅只是传闻，是关于你的，所以，在一切没有定论之前，我想听听你的解释。

任冉明白了，肯定是关于上官卿的。因为只有上官卿那里出了什么事情，北海中学里才有可能出现关于他的传言。

他猜得没有错。

那天校庆晚会散场的时候，任冉遇见自己母亲，便跟她讲了几句话。孰料这都被上次踢伤他的那个男生看见了，他也是北海的。他先是诧异任冉怎么会认识任母，便问了其他学生，当得知任老师就是这个男生的母亲之后，一条再爆炸不过的新闻就在自己脑海里形成了——“女生勾引老师的儿子”，或者“教师的儿子与母亲学生的桃色绯闻”诸如此类。

谣言总是传得很快的，而且没有人能说清楚究竟是哪个人先传出来的。两天之内，北海中学只要是知道任老师的学生都晓得他的儿子和上官卿有一手。谣言兜了一圈终于兜到任母的耳朵里，这还了得？她立刻想找上官卿问个明白，但很快就打消这念头，转而冷静下来。学校里这一千八百号人，加上近百名老师，等着看好戏和看笑话的人可以绕操场排一圈，自己这一去，反倒成了台上的戏码。任母做了那么多年班主任，不聪明是不行的。下了班，她独自一人留在办公室里，悄悄查了隔壁班上上官卿登记的家庭联系方式，记在便条上面，出了学校骑车到江湾镇那里的麦当劳餐厅里，拿手机给上官家打了个电话。

电话是上官卿他爸接的，然后转交给上官卿。任母约她在麦当劳里见面，上官卿没有犹豫就答应了，她也在学校里听到风声，早有思想准备。既然和任冉没什么见不得人的关系，她自然不怕和任母见面。上官卿回答得很诚恳，毫不做作，这让任母一时没了准信。上官卿毕竟是自己上课的学生，性格还是稍微了解的，她是那种很老成，也很让老师头疼的女学生。任母不能确定上官卿是不是在骗自己，只好从自己儿子身上寻找突破口。

毕竟，当年在萨雪文的事件上，任冉就显得很回头是岸，希望这次也是这样。

任冉讲我和她只是家教关系，不信的话，你可以找她父母作证，也可以找财大宓唐雄那里的家教中介调查，我给她补课完全带有巧合。任母讲这个我都晓得，我也相信你讲的这些，但是，我希望你以后不要和上官卿有任何接触。

任冉看看自己母亲，问，这算是命令吗?

任母讲当然不是，我知道，其实上官卿完全已经成年，你们都是成年人，我没权力限制你们什么，但是，毕竟上官卿在读高二，又是我的学生，你应该为她着想，也为你妈在学校的声誉着想，我再过三两年就要退休了，我只希望我最后这几年的教师生涯不要背着一个不明不白的谣言度过，你能理解吗?

任冉不能不理解，沉默半天，抬起头，叹口气，道，我晓得了。

第二天他就打电话给上官卿，跟她讲不能再来做家教了。上官卿“嗯”了一声，没问他理由。

大家心照不宣。

看来自己的确不是做家教的命，任冉挂了电话，这样想道。

{十二}

不幸接踵而来。

新年第二天，任冉和宓唐雄到一个在复旦大学念书的高中同学那里去玩，在五角场看见林暖跟一个男生一起走在马路上。复旦的同学晓得那个男的，讲是韩国来的学生，几个月前全家刚搬来上海。

林暖和男生上了一辆出租车。任冉没有叫车子追上去，也许一切只是误会呢。他拿出手机打到林暖号码上，林暖接了，讲在大学同学家里，不方便出来。

任冉讲好的，我晓得了，玩得愉快。便挂了电话。

宓唐雄不明就里，问，打给谁啊?

任冉讲没什么，走，我们去喝酒。

第二天早上醒过来的时候，任冉头疼得厉害。他第一次喝那么多酒，比上次和萨雪文他们在同济附近喝的那次还厉害。他忘了自己是怎么回来的，隐约觉得好像是宓唐雄那二百多斤的身躯把自己扛出了酒馆，架进了出租车的后座，然后也是这样把他背上了自己家的五楼。他还隐约记得自己说了很多话，很多很多的话，好像那酒是让人变诚实的药水，所有藏在心里不敢讲不能讲的话全吐出来了……对了，他的确是吐了，还好没吐在宓唐雄身上，而是吐在小区花坛里，以及自己家的卫生间马桶里。

任冉看看床头柜上的小闹钟，十一点三十七。家里没有听见母亲的声音，可能买菜去了。他起床，披上衣服走进客厅，看见桌子上有字条，任母写的：

“冉：

我去你外婆家了，晚饭可能不回来吃，饭菜皆在冰箱，自热。

另：记得打电话谢谢宓唐雄，他昨晚把你背回来的。

妈 字”

任冉进卫生间洗漱过后，走进客厅，看看厨房间的冰箱，毫无胃口可言，便走到沙发边拿起电话，拨了宓唐雄的号码。

宓唐雄正在吃中饭，讲，客气什么，不过你喝那么多酒太伤身体，以后少喝点啊。任冉讲因为心情不好。宓唐雄倒也直接，讲，我晓得，你喝醉的时候什么都跟我讲了，想开点，再去找一个嘛，要不我帮你介绍。任冉笑问，你们家教中介准备新开情侣中介业务啦？

正说着，门铃响了，任冉拿着无绳电话一边讲一边到门口打开门，愣了一下，看见萨雪文站在外面。

宓唐雄神机妙算，道，是不是萨雪文来了啊，这就是我帮你中介的，满意么？

任冉心情复杂得像喝醉时那个翻江倒海的胃，咽了下口水。宓唐雄讲那我先挂了啊，有事再联系，便放下了电话。

任冉回过神来，给萨雪文开了防盗门。萨雪文手里拎着个保温桶，换上任冉给她的拖鞋走进客厅，讲，听宓唐雄讲你昨晚喝醉了。任冉脸烧热了似的，点点头，不知所措。萨雪文提着保温桶讲我做了点酒后补身体的汤，不过可能不够热——你家微波炉在哪里？

任冉受宠若惊，把她领到厨房间里。萨雪文一边找器皿盛汤，一边问，你午饭吃过没有？

任冉摇摇头，讲，我刚刚起来。

萨雪文转身看了看他，又回过头去把汤倒进塑料小锅里，盖上盖子，放进微波炉，调高火，转到了两分钟半的地方，厨房间里响起微波炉的轰鸣声。萨雪文背靠着灶台，看着任冉。她今天穿着一件驼色的高领羊毛衣，衣袖卷到小臂上，下面还是白色的裤子，干净，得体，素雅，一如既往。

很奇怪我为什么会来？她主动问他。

任冉点点头，看着她身边的煤气灶，目光游移。萨雪文讲我本来以为你母亲在家。任冉讲她到我外婆家去了，晚上要很晚回来。

萨雪文看着厨房间的窗户外面，讲，我上次看见你妈，还是高三的时候，那天是高考最后一天，考外语，你妈是监考老师，世界真得很小，还是她先认出我的，在考场外的走廊上面，你猜她跟我说了什么？

任冉摇摇头，他母亲从来没跟他谈起过这件事情。高考的时候他埋头于题海，任母也忙着监考，父亲又不在家，全是舅妈照顾他的。

萨雪文深吸口气，头轻轻垂下来看着瓷砖地板，讲，她跟我讲，当初很对不起……好好考。

微波炉停了，女孩却没有动，两只手撑着灶台，头发披散在肩膀上面。厨房间里只有两个人的呼吸声可以依稀听见。

任冉喉结抖了下，无力地挥挥手，讲，都过去了，别讲了。

萨雪文摇摇头，用有些颤抖的声音继续道，圣诞节那天下午我到家乐福买东西，从虹口公园里穿过去的时候遇到我们以前的班主任萧老师了，她和她老伴坐在公园的长凳上面晒太阳。虽然过了这么久但她还是叫出了我的名字，我愣了一会儿才认出是她，前几年她得了癌，化疗之后好了，可她的头发白了好多，拄着拐杖。她问我怎么后来没有回过母校，我支吾了一下，她问我你是不是还恨着我，我说没有，她又问我是不是还记恨着任冉，我没说话。她讲，其实你不该恨他，当初任冉在我们面前一直护着你，讲是他自己一厢情愿地缠着你，和你没有太大关系，可是你太冲动，讲了实话，不然的话，我们也很难定性——我的确反对你们这么早在一起，但是过了这么多年，讲句心里话，在我审的那么多的早恋学生里，任冉还是第一个这么护着对方的男孩子……

萨雪文的声音已经颤得不能再讲下去了。

任冉无力地靠着冰箱，背上穿透脊髓般的凉。过了这么多年，这件事情还是被她晓得了，真是天意。任冉当初不想跟萨雪文讲这个的，因为他晓得就算讲了，萨雪文也不会相信。在萨雪文眼里他是什么人？叛徒，懦夫，胆小鬼……恐怕这三个头衔乘在一起再平方一下都不能表达她对自己的唾弃吧。他怎么能指望自己这样的人去让她相信这几乎向小说靠拢的情节呢？也许，要怪就怪小说，把生活里最后那点不可思议的东西都写掉了，写得人们万念俱灰，写得人们不再相信它的真实性。

也许，他们都该被起名叫做《狼来了》。

萨雪文用手指头抹了下眼角，直起身，从微波炉里拿出汤端到桌子上，揭开盖子，香味扑鼻，热气蒸腾，看不清女孩的脸。任冉转身从厨房间拿了两只碗和一只汤勺，萨雪文撸了下头发，道，我不喝，等会儿就走。说着走进厨房间。任冉坐在桌子边，失落地看着她，道，多坐一会儿，不行吗？

萨雪文收拾保温桶的动作犹豫了下，叹息道，不了，我，我和男朋友约好了，下午还有事情。

任冉颇感意外，嘴唇皮嚅动了几下，声音很轻，道，你有男朋友了？

萨雪文没有转头，看着面前的瓷砖墙壁，白而透亮，映着自己半个脸，缓缓讲道，那天，就是宓唐雄的生日宴席回来的晚上，我答应了一个追我追了两年的男生，我没告诉别人。

哦，任冉的眼神瞬时暗淡下来，靠在椅背上，问，他，对你好吗？

萨雪文讲她是我高中校友，比我大一届，现在在医大念书……他对我很好，很体贴。

任冉放下手中的汤勺子，另一只手摆在桌面上，手指细长苍白，关节很大，象快死去的节肢动物的特写，无助，失落，惶恐，冰冷。萨雪文提着保温桶从厨房间里走到门口，穿上鞋子，转身，看着也在看她的男孩，讲，任冉，喝完这碗汤，你就把我忘记了吧……以后要当心自己身体，别再喝醉了，我走了。

见对方没有回话，萨雪文吸了口气，朝他微微地鞠了一下躬，转身开门走了出去，将门轻轻合上。仿佛又过了很久，僵直在椅子上的那个人缓缓拿起桌子上那只空碗，静静地端详了它一会儿，忽地一放手，在陶瓷撞击地面粉身碎骨的同时，几滴很透明的液体也随之轻轻地落了下来。

{十三}

快要过春节了，再过那么三两天，任冉的父亲就要回来了吧。任冉的头发长得很长了，但一直不去剪，讲，天冷了，头发长点，暖和。

和林暖分手有快三个礼拜了，他们最后一次约会是在虹口足球场边上的茶坊，喝茶，红茶，英国式的。是任冉先提出的分手，他讲他已经知道了那个韩国人的存在，所以他退出。林暖还是抽着她的ESSE香烟，细细的薄荷味散发在空中，怪好闻的——任冉和林暖在一起一年多了，还是第一次觉得这种烟的味道好闻。

林暖讲谢谢了，不用我做恶人。

任冉说不客气，怎么认识上他的?

林暖讲就是做家教那户人家的大儿子，上次带出来的那个小女孩的哥哥。

任冉点点头，抿口加了奶和糖的红茶，道，不错，好好谈，别给中国二十一世纪的女大学生丢脸。

林暖不理会他的揶揄，反问，你呢，没找到新的方向?

任冉耸耸肩，讲，谁会看上我呀?

林暖吐了个烟圈，说，那倒也是，你太老实。

跟林暖在茶坊附近的高点俱乐部门口分了手，任冉一个人手插着口袋往东走。今天没骑自行车出来，就是想一个人独自走走。走到轻轨站头的天桥下面，宓唐雄打电话过来，讲我和几个高中哥们在打保龄球，你来不来?任冉问你们在哪里玩?宓唐雄说老地方，高点。

任冉回头看看不远处高点娱乐城的招牌，讲，我在浦东亲戚家里呢，太远了，下次吧。

挂了电话，重重呼出一口气，看着白雾在半空里徐徐化开，任冉想起自己后来托宓唐雄调查萨雪文的事情。宓唐雄回来报告讲，他想方设法接近萨雪文的室友，获取了大量情报，最后的分析结果是她的确有男朋友了，是个在交大医学院读书的男生，两个人的感情不错。

这次不是骗人了，也不会再有奇迹了。任冉深吸一口气。

走到虹口公园的时候，任冉停住了脚步。公园从去年七月份起就对外免费开放了，可是在五六年前，门票还是两块钱一张。那时任冉和萨雪文还不敢一起进去，而是一前一后，像地下党接头一样隔开来进入公园。任冉不由自主地迈进了公园的大门，感觉自己好像又回到过去，做贼心虚般东张西望，生怕碰到哪个同学或者老师，那可不得了。

假山在公园的西北角。当年的任冉会跟在萨雪文身后大约二十米处左右，像是闲逛，又像是赴约，陆续走到山脚下。任冉会从西面的小路上去，萨雪文则是从东面绕过去，然后在山腰南面碰头，接着就肩并肩坐在一起，透过漫山的树叶给自己做成的迷彩掩护，从山腰上看下去，就是远处的湖泊，河边的柳树，以及鲁迅墓碑前人们放风筝的草坪。

任冉走到山脚下的小径前，终于还是没有上去。他知道自己不可能再在半山腰遇见那个让自己心动的女孩子了，却看见一男一女两个学生，穿着休闲装束，大胆地牵着手，绕过阻着通道的自己，并肩走上小径。当年的任冉和萨雪文也不过这般年龄吧，也许比他们还大一些也说不准。山上的树木都变得光秃秃的了，大多只有细细的树枝撑着门面。放回当年，任冉他们是不敢这个时候上山的，因为没有了绿的遮掩，被看见坐在一起也是一种大逆不道。

但是眼前这两个小家伙似乎根本无所谓，或许，他们此刻的浓情，真是巴不得让全天下都晓得吧。

看着两个人的身影渐渐在山道上越变越小，任冉笑了。

家教不严，家教不严。

回到家，任母已在厨房忙碌，关照他说下午任父来过了电话，可能他今晚就能提前回来，所以要好好准备一下。任冉站在厨房家门口，拿了个蛇果咬了一口，看着母亲围着围裙炒菜的身影，觉得她比以前更瘦了，头发虽然是黑色的，但其实都是染发剂的作用，真实的颜色，他一直没机会目睹。

当年，就是这个身影在初中老师的办公室里给了自己一生中唯一一个耳光，也是这个身影，站在两年前七月某日的学校走廊上，向自己儿子前半生中最喜欢的女子深深地道了一个歉。

任冉回到自己房间，消掉屏幕保护，看见自己有一封邮件，打开，是许久未见的上官卿。他从母亲那里得知上官卿圣诞节刚过就被父母送去英国念书，那个人们喝红茶要加奶和糖的遥远国度。

上官卿讲，英国的草坪绿得你无法想象，还有徐志摩笔下的那座康桥，灵得一塌糊涂。

上官卿讲，这里的气候还不错，可是冬天经常要下雨，像上海那里的梅雨，但是味道不如江南。

上官卿讲，这里有全世界最棒的地下乐队，有独一无二的带螨虫的美味干酪，有穿着裙子吹风笛的苏格兰老人，但是这里没有小馄饨，没有豆腐花，没有物理家教，没有在雨天把毛巾递给我的男孩。

上官卿在信的末尾讲，我应该谢谢你的母亲，是她让你那天把毛巾递给我，让我认识了你；你也应该谢谢你的母亲，她没让我和你继续接触，这样，即使远隔重洋，我也不会在梦到你的时候流下眼泪。

最后空了一行，她讲，夏天的时候我就会回来，还有顿夜宵欠着你，需要还吗?

任冉笑了，在回函上打了一个汉字，轻点鼠标，完成答复。

就在电脑屏幕上那个发送成功的小窗口弹出来的同时，他也听见自家的门铃响了，母亲一路小跑着过去开了门，外面传来了任冉父亲那久违的声音。

End

《若干年华》幕后

构思：2005 年 1 月

初稿：2007 年 4 月

二稿：2008 年 9 月

三稿：2009 年 10 月

修改意见：《小说月报·原创版》编辑唐嵩、《上海文学》编辑崔欣

创作周期：4 年零 9 个月

最终字数：3 万

灵感往往只是很小的想法

§ 灵感来源　或许总是意想不到

2005 年的时候我还在大学里养老。那个校区在远郊，所以我每周只能在家里待一天，有时连一天都懒得回去。因为要回去的话，就必然要去做家教，而我很讨厌教那个小男孩（确切地说，我不大喜欢顽皮的小孩）。

不幸的是，她妈妈和我妈妈认识，关系也不错，所以导致我必须硬着头皮去教他小学四年的外语、数学。

那便是我周末噩梦的开始。

在这里我向我中小学时代每个教过我的老师致以深深的歉意和深度的同情，因为每次看到这个小混球不听讲、老是问我无关紧要的问题（跟奥特曼啊、白展堂的葵花点穴手啊、武林秘籍啊之类有关的，如果你也年轻过，你应该明白我说的意思），每到此刻，我就有种要把他抓起来往天花板上扔个一百次的强烈欲望——最好正上方有架高速旋转的吊扇，能亲眼看到他被削成肉酱。

后来他妈妈估计也觉察到了自己的儿子就像中国男子足球队，教头们是来一个毁一个，终于没再强求我。所以当我决定要写一个和大学生家教有关的小说时，这个十恶不赦的小坏蛋就成了一个细节，并且也注定了我笔下的男主角任冉同学的家教生涯绝对不会是什么美妙的回忆：遭遇到了初中旧相好的横眉冷眼，旧相好被指控偷了钱，两人都被赶了出来，第二次家教害得自己被跆拳道选手猛踢，紧接着让自己的母亲陷入绯闻漩涡，最后自己的女朋友都跟着家教对象的哥哥跑了。

此乃真杯具也。

如果你仔细看上面的制作周期，会发现这个才三万字的小说写了四年多，其实最花时间的就是最早的想法如何可靠地落在纸上。故事宛如一串刚摘下来的葡萄，想要直接吃，和想要酿成葡萄酒来喝，最大的制作区别就是时间。故事到小说的旅程，往往就是从一粒葡萄到一滴红酒的过程，你要洗净剥皮（去除杂念，决心写这个小说）、榨汁去肉（提取精华，也就是我们说的主剧情）、放进橡木桶（给小说一个好的架构承载）、静候时间酿造（一遍又一遍地修改、完善细节、语言）……

这样你才能酿造出波尔多葡萄酒，而不是“鲜的每日C”葡萄汁。

§ 主线矛盾　冲突的魅力

回到《若干年华》这堆葡萄。

小说（至少我理解的小说）就是在常态事件中加入冲突，好比一杯水或者混合物加入了新的成分使之变味或者发生强烈的化学反应。如果没有明显的冲突，那在我看来就是散文了。

做家教是常态事件，那么如何冲突呢？

家教老师和学生恋爱是个典型但是又比较狗血的冲突，如果我写色情或者言情小说，一定会考虑这个写法，但可惜我还不是。纯粹关于哲学和思维的讨论？我也不是在写《相约星期四》。

昔日的恋人呢？这个不错，旧情人总是有故事的，哪怕你只是个大学生。最好是多年未见的旧情人，于是就是初中的相好。初中会不会太小了？我这么问自己，但很快否定了质疑：时代在进步，社会在发展，早恋在普遍，手机在拍裸照……

可我好歹也是经历过比较保守的那个年代的人，所以男女主角的初中之恋（简称初恋）是被父母扼杀掉的，男主角背信弃义地否认自己和女主角有关系，于是“从此萧郎是路人”（原句不是这个意思，我歪解一下）。将心比心地说，你要是在某个意外的情况下遇到自己当年闹得很不愉快的EX，肯定也是倍感尴尬的。但你的尴尬就是观众的戏码，倒过来，别人的尴尬也会成为你眼里的活剧。

任冉和萨雪文的重逢是矛盾一。作为三万字的中篇，这个矛盾还不足够，于是上官卿也出现了，她扮演的是代表“过去”的角色，一个不按常理出牌的家教学生，一个在任冉身上引起绯闻的女孩，其作用之一就是关联到了任母这个最大的隐藏角色——是她老人家出面拆散了当年的男女主角，是她在高考时和萨雪文打了招呼，也是她在听到绯闻之后找上官卿面谈，然后让自己儿子远离这个麻烦，宛如初中早恋事件的重演。她总是在最关键的时刻出手，所以千万不要以为好像对剧情没什么直接推进作用的高三女生上官卿是多余的，她背后站着的其实是她的语文老师——任母，这个对男主角的情感进程一直都有巨大影响的女人。

至于任冉的女友林暖，她的意义有两重：一是代表了男主角现在的生活状态（一种平衡）以及后来的劈腿（平衡的打破，并且为萨雪文最后的出场做了铺垫）；二是为萨雪文在公交车上拆穿任冉的表白做的铺垫（看似冲突，其实是一种制约）。身为现任女友的林暖和前任女友的萨雪文，两人从未正式谋面，林暖甚至并不知道萨的存在，但这并不妨碍她们互相给对方施加情节的“作用力”，这就跟物理实验中的球摆模型的原理一样。

§ 细节设置　需要暗藏杀机

因为要让男女主角通过家教的方式相遇，最后因为被诬陷偷钱而站在同一战线上，所以任冉做的第一户家教人家的设置十分重要。

我们都知道，同一个小孩子，两个不同科目的家教老师无论如何也是很难碰到一起的，就算偶尔撞到一次，也是短暂，不可能有后来“偷钱辩护”的一幕（也就是两人冰封多年的感情得以改善和转折的机遇，是后面一切故事的关键），所以一个孩子就成了俩，为了响应国策和现实情况，就分身成了双胞胎。

另外，两个坏小鬼（一个考试作弊，是小恶；一个偷拿钱，是大恶的征兆）的父母在设置时也用了点心思，那就是写出他们都是“职业麻将”选手，即没有正式工作、每天靠打麻将赚钱的市井散民。能靠打麻将为收入的家长，脑子绝对是聪明的，心眼绝对是多的，但说回来，素质多多少少也是有点问题的，对孩子的教育往往也是溺爱的，可自己又教不来小孩（况且也没时间和精力）。这就为请家教、偷钱指控等 埋下了伏笔。

所以你看，情节总是一环连一环，而一切细节是要为情节服务的，不经意的一句描写，也可以暗藏杀机。当你阅读小说的时候，看似这个细节设计得很特别很巧，其实那都是作者说了算的、下了套的。作者是小说的“导演＆编剧”，是“演员”们的爹妈，是掌管一切小概率事件的上帝。所以，只要符合逻辑和现实，连卖鞋子的阿迪达斯都有这觉悟：一切都有可能的。

零零零 7

零零零 2

零零零

[微评]

叙述老练，虽都与主人公有联系，但仍感觉像若干故事拼凑。

——苏细细（两颗星）

擦……读完这篇小说，我想到我的初恋了。

——Z.U.N.（三颗星）

波澜不惊的生活，年少时我们只能擦肩而过。

——君 天（三颗星）

* 本期陪审共9席，名单参见目录。

* 小说陪审团意见系个人独立阅读体验。有兴趣者可申请加入，尊享《Zer零》系列的首阅权和限量签名版，申请方法见新创作网相关版块！

2
Novel Department.07

Name: 季若离

女，1992 年的狮子座。作为低龄的神经大条美女却酷爱看文学作品，也喜逛商场，但挑衣服的眼光显然没有挑书那么犀利，每次买了衣服总要后悔很久。致命伤是虽为美女却在拍时尚片时不敢看照相机镜头。

14 岁时因为一个偶然的机会开始写作，又一个偶然的机会遇到了《Zer 零》一番队的魔头们，被严格地磨砺了一番之后很偶然地参加了十二届新概念作文大赛并莫名其妙地获得了 A 组一等奖，可见人品比作品更加出众。已发表作品有《乐园祭》、《左拉拉，我看到了你》等。

逆光°

Text by 季若离

Illust. by 土土

Vous êtes ma lumière.

{一}

那是在心底款款漂浮着的尘埃。逆流的光染了浅淡褶边，随着耳廓边声音的延展，一纤一毫都沾染上这样的浮尘，密密麻麻地堆积在了心室门口，窥伺着时机一涌而进。

颜珞隽的头低着，脑部神经却集中到一起，紧紧剖析着传入耳膜的音频。

“这次学校定下来和法国乐利克斯中学交换生的名额……”班主任平和的声线如同夏日里缠在一起的蜘蛛丝一样令女生烦躁，“我们班是钱茜。”

“啪”的一声，蜘蛛丝在心里断成一节一节。颜珞隽这才抬起头来。这个时侯若是有人看她，会发现她的眼眶里噙满了水，但是眼神凌厉而倔强，窗外射进来的光束把她的睫毛直接打成了暗金色，这是一种只属于她的表情。但是不会有人发现。所有人的焦点瞬间都投到了那个叫钱茜的女孩身上，就如同动画片里特有的喜剧效果，几十个脑袋在一瞬间“唰”地一下转过去看着颜珞隽身边的女生，带着各种表情，整齐划一到令人发笑。

被看着的女生不好意思起来，嘴角却隐藏不住笑容而往后咧开。她朝坐在后座的左越笑笑，再朝颜珞隽看去，对她比划了一个胜利的手势，对方也笑着看她，此时眼里早已一派清明，所有心底里漏出的表情全部在一瞬间重新藏回心室里。

那样固执可笑地坚持到最后一刻，希望奇迹的发生。但是奇迹之所以为奇迹，就是因为它不会轻易驾临。

学校从几个月前就开始商定中法交换生名单。这个消息第一时间传送到颜珞隽的耳朵里时，心里就无法抑制地渴望，想要逃离，想要离开这里的心情膨胀到胸口发痛。但这种渴望没有多久就平复下去，不可能是自己，她很清楚。坐在自己身边什么都摆在脸上的好友钱茜立刻满面红光地跳起来：“隽隽啊！太棒了！我们一起去哦，我们法文成绩都那么好，老师很可能会选我们的。哼哼，万一不行，我让我老头子给老师……”说到这里她四周看了看，孩子气地神秘笑笑。颜珞隽看着这个心直口快的好友，她的神情愉悦，心底却疯狂地滋长出暗黑色的海藻，死死地绑在心口，让自己不能呼吸。

凭什么。凭什么有钱就可以为所欲为。

她从女生手里抽回手，淡淡道：“我可能不能去了，你知道，我爸根本不放心我一个人出远门。他也一直带我到欧洲去玩的，去不去也无所谓啦。”她微微一笑，面孔在钱茜眼里显得极为甜美。

只是谁也不知道，最甜美的面容下，潜藏着最悲伤最危险的心绪。

{二}

从新大楼走下来，身后高一年级新生的校服颜色已经明晃晃地盖过了自己的。无声无息的时光，它就在你身旁，你却无法拉住它。颜珞隽抬起头看一眼被白色腰线环绕的红色法式大楼，似乎只有它可以永远不变。坐落在上海市中心的百年老校，原身为“中法学堂”的光明中学，法语作为第二外语，并且早和法国岗贝市的学校成为姐妹学校，每一年都会派出交换生交流。幸运地进入法语班的颜珞隽，她几乎是用尽了全力去学法语。但有的时候，有些努力并没有用。

走在前面的左越勾住钱茜的脖子：“哎哎，我们去来福士逛一圈吧，庆祝钱同学远赴法国之旅。”钱茜啐了她一口：“算了吧，你男朋友不来接你啊，还假仁假义地拉着我们。”

颜珞隽心里一晃，她随着两人的步子往校门口走去，果然看见那个和本校学生校服区分开来的身影。虽然已经入秋却还不换的白衬衫服帖地依着上半身，左胸口有个被人笑称为皇家马德里的校徽标志，袖口卷到手肘处，露出一段小麦色的皮肤，被黑裤子勾勒出的长腿不安分地打着节拍，看着三个女生走出校门立刻显露出玩世不恭的笑，走过去抱住其中一个身材娇小的女生，然后自然地转过头朝颜珞隽和钱茜打了声招呼："嗨。"

墨黑色的头发在女生眼里显得刺眼。

"喂喂，可以了，保安还看着呢。"钱茜推了左越一下，她便不好意思地挣脱了男生的怀抱。

"三位小姐想去哪儿，在下全程护航。"男生微微笑，俊俏的模样惹得从门口出来的其他女生频频注目。

"行了，肖凯齐，真以为自己是情圣呢？"颜珞隽这才冷冷地道一句，不去管几个人略微尴尬的神色，拉了拉书包朝前走。

从光明出来，往南是学生流汇集的文庙，往北则是人民广场中心的来福士。一行人一到来福士，左越就拉扯着要走到地下一层的小吃区域，蛋挞和烧烤的香味直接从楼梯口悠悠飘来。颜珞隽从楼梯间的空隙瞥了一眼给顾客包装东西的服务生，脸色微变："这个……我胃忽然有点不舒服，你们去玩，我回去了好不好？"几个人面面相觑，看着颜珞隽的脸色确实不好，男生挠挠头道："要不我送你回去？"

颜珞隽没吱声，转头瞥了左越一眼。

"应该不会被吃豆腐吧？"

原来微凉的气氛还是被男生逗乐，"美得你，你想送上门去人家隽隽还不要呢。"

"好啦，你送隽隽回去吧，我们去逛。"左越也顺着钱茜的话说道。

"OK，谨遵夫人之命。"肖凯齐比了一个再见的手势，转过身去发现颜珞隽已经走出好远，这才咒骂一声追上去："喂喂，姓颜的你不是胃痛吗！走得跟超人似的做什么！"

{三}

女生大步朝前走，不去理会借着腿长已经快速走到自己身边的肖凯齐。

"喂喂，你真的是胃痛吗？"

"不是！"她大叫一声，把男生吓了一跳。他看见她眼睛里闪烁的泪光，一下子愣住了。

"喂……"一向油嘴滑舌的肖凯齐也不知道该说什么，只好跟在颜珞隽后面。

女生擦了一下眼角。两人都不再说话，笔直往前走，到半途男生实在是忍不住，看了看脸色有所缓和的颜珞隽，这才道："是不是胃真的很痛啊，到我家去拿点药吧？"

"呸，想诱拐未成年少女上门啊。"颜珞隽翻了个白眼。

肖凯齐咧了咧嘴："看样子是好了？诶，你说你平时火气那么大，胃怎么会不疼。"

女生不再说话，两人沉默地走过书城后的福建路天桥。

当初以为从小学就认识的男生说会和自己一起进光明是真的，其实只不过是对方的一句玩笑，就好像当初她以为他会牵她的手，以为即使她不说，他总会知道，无止尽的暧昧里全是自己一厢情愿的想法。但是最后，当自己的好友在敬业中学门口亲吻了他之后，他终于还是成了过往。走到一栋公寓门口，颜珞隽停下来道："我到了，你的任务完成了。"她看着没有动的男生，下了逐客令。

"那……我走了。"男生掩饰性地抓抓头。

肖凯齐，你敢说你真的喜欢左越吗？只喜欢她吗？你不敢。你知悉所有，但你没有那个勇气。而我同样也没有说出真相的勇气。我们是同一类，却也完全不是同一类。颜珞隽看着男生的背影彻底消失，这才从高高的公寓楼前走过，径直穿过一排老房子走进一个窄小阴暗的小弄堂里。

"隽隽啊，回来了？"父亲从小间里端出一碗菜泡饭，拿下脏兮兮的围裙，"今天没去来福士打工啊？"

"没有，不想去了。"女生丢下书包，把脑袋窝进枕头里。谁也不会明白这个莫名其妙的自己的。谁也不会知道我有多么渴望作为交换生去法国，我多么想离开这个贫穷的家，到更广阔的地方。而埋藏在这些渴望之下的，还有，我想逃离，逃离肖凯齐已经无法属于自己的事实。可那都是虚妄，我拿什么去交报名费呢。

即使是在好朋友面前，我也不得不伪装，就是没有办法让她们知道自己和她们是多么的不同。我也不想撒谎，真的，可我就是不愿意让你们看轻我，欺骗你们其实我也和你们一样。不让你们知道我爸爸不是在欧洲到处跑的生意人，而是一个普通单亲父亲，还是个工人；不让你们知道我家不是住在高级公寓而是迟迟不能拆迁的旧里弄；不让你们知道我为了贴补家用必须去来福士楼下的小吃店打工。

因为你们都是生长在阳光下的金子，于是在你们中间，我无法忍受自己只是泥潭里的小沙粒。自卑又虚荣，却控制不了去伪装，在伪装的时候又感到内疚和不安。所有的一切交叠起来，莫名其妙的心绪爬上心口，这种难过，谁也无法体会。

{四}

乐利克斯的交换生是在星期一的时候亮相光明中学。在经过官方式的欢迎典礼后，整个学校基本上已经如同瞬间消失所有盐分的死海，极具波澜起来。女生闲闲地朝讲台上打量了几眼，一共来的 30 个法国学生中，自己班级里现在站了 14 人，热闹得不像话。班主任的脸笑得几乎要抽筋，班里闹哄哄的怎么也安静不下来，这些西欧人个子参差不起，棕发居多。颜珞隽眯起眼睛看他们颜色各异的眸子，肩膀被左越拍了一下："隽隽，你看那个……"颜珞隽顺着她的目光看去，那是里面个子最高的一个男生，皱着眉头有些许不耐。她一不小心和对方四目相对。如同被抓住了的小偷，女生有点心虚，那个被看的男生则用一双比头发更深的金褐色眼睛死死地盯着她，然后不耐烦地回过头去。颜珞隽斜斜地瞥了他一眼。真是霸相的主。

女生想着，被老师安排给到一个体态微胖的金发女郎做配对，她笑说我叫 Vesa，颜珞隽想她真美。两个女生如同中法国家领导人会晤般亲切友好地握了手，巩固了中法两国人民的友谊。而另一方面秉承着中华人民一贯的含蓄风格，老师基本上为每位法国学生配备了一位同性学生，惹得深有法兰西风情的男生们做出哀怨的表情，并且不停朝讲台下的女生放电，颜珞隽别过头去实在忍不住笑了出来。

学校为交流生早已安排好了各项活动，恨不得把中华人民五千年的文化瑰宝统统拿出来给人家看，从武术、书法、到戏曲、剪纸，让法国学生们忙得不亦乐乎，临近傍晚时分，本来还拘束地不太敢和对方说话的学生们都渐渐熟络了起来，说话间夹杂着凌乱的法国式中文或是中国式法文，肢体语言更为丰富。自来熟的法国女生一个个指给颜珞隽看哪个是她们本来自己班级的，两个女生聊地乐不可支的时候左越的脑袋从中间凑过来："嗨，在聊什么？啊，对了隽隽，Vesa 安排是住在我家的哦！今天晚上我准备开一个我们班的留学生欢迎会，你也一起来吧。"

颜珞隽愣了愣，她知道校方安排这群法国学生住在本校学生家中感受中国家庭氛围，左越家坐落在中环和外环之间的高级别墅区内，环境好路程也不算太远，这个主意大家一定会同意。她犹豫一下，被 Vesa 勾住胳膊："来吧来吧！"这才微笑着点点头。却不知道为什么，在没有人可以看到的内心的黑暗沼泽里，忽然升腾起热辣微小的泡沫。是自己和左越说的主意，可是实行者只能是自己的好友，只能是别人。那些寄宿在心脏内侧微微发霉的心绪粒子，一颗一颗慢慢膨胀开，附在了本来就鼓胀在心室外面的尘埃上，一点一点更加胀痛。

女生踏进的别墅并不陌生，一年级的时候曾经来过，那个时候她望着光滑如斯的象牙白大理石地板，铺在名贵沙发上的天鹅绒毯，嵌满整面墙壁的大液晶电视和从两楼挑空吊着的水晶灯，心口微微地有气流穿过，这是什么样的一种感觉。她不是不知道富有，可这种富有那么清晰地呈现在她面前时，却有一种说不出的穿透力，心中便流过酸酸涩涩的感觉。那满柜子的写满了英文字符的瓶瓶罐罐，也许她父亲用尽力气干一年的工资都没有那个数值。这样的差距，使自己的心口铺上一层柔软和潮湿的苔藓，这就是，这就是我想要的生活。心中的声音慢慢破茧而出，再硬生生地压回去。

大厅里闹哄哄的人群声终于切断了女生的思维，她看见学生们三三俩俩的进来，就像一个盛大的派对将要举行。左越的家里早已准备好了式样丰富的菜肴和香槟，她以主人般的姿态招呼着每一个人。她的余光瞥到 Vesa，金发女郎一屁股坐在沙发上，忍不住感叹说："这里太漂亮了。"颜珞隽还没来得及说什么，就被女生的惊叫给吓了一跳，一个体格魁梧的法国女孩拿着放在沙发上的一个粉红色皮夹，拉住左越道："Coach 春季新款？我的上帝这是我最喜欢的 Coach 皮夹。"颜珞隽转过身看到那个皮夹上有个很大的 C 字。"Coach"，她默念道，右手拿起一杯香槟，耳朵灵敏地捕捉到女生们的下一句话。

"好看吧？原价要 7000 人民币了哦，我妈去美国的时候给我带回来，只要 600 多美元。"

"哇，真的好好看。"

几个女生嘻嘻哈哈笑成一团，颜珞隽嘴里的香槟忍了半天才没有吐出来，她在算那个小小的皮夹子每立方米得值多少钱。"这没什么啦，隽隽她爸爸才一直给她带好东西呢，对不对？"左越越过法国学生的目光朝颜珞隽道，大家的视线一下子集中到女生头上。

"还好啦……"颜珞隽摆摆手。

"那什么时候我们去你家吧！"Vesa 兴奋地大叫。

人群附和声中，女生面色尴尬道："我先去上个厕所，一会儿回来。"她迅速跑到二楼，伏在栏杆上喘气，楼下的喧闹声，嬉笑声和暖黄色的游离的灯光都在视线背后形成模糊的剪影。静止中才似乎终于有了自己的存在感。她在楼梯口倚了一会儿，开始在二楼乱转，等到自己反应过来才发现不知不觉走到别墅的后区，巨大的落地玻璃外面是黑蒙蒙的天，这里安静得不像话，也许这才是属于自己的地方。女生慢走几步忽然感到踩到了什么东西，她一下子惊惶地跳起来，坐在地上塞着耳机的黑色物体抬起头来，颜珞隽看见他金褐色的眸子这才心定下来。两人有几秒钟不说话，空气凝固般钝重。

"你……你在这里做什么？"

男孩掉转过头，眨了眨眼，过了好几秒才闷闷开口："迷路了……"

颜珞隽错愕一下，然后迅速咬住嘴唇以防自己笑出来，男生微微抬头，看见她清亮亮地朝着自己心无城府地笑，弯下身子朝自己伸出手："我带你回去。"

{五}

从昨天晚上带着男生走回热闹的大厅开始，颜珞隽就有不好的预感。

第二天举行的国际学生篮球练习赛，兴致高昂的中法学生切磋起球技来一点也含糊，双方对战到最激烈的时候，有个男生硬是凭着人高马大，把一中国学生撂倒在地，鼻血当场涌出来，两国友好瞬间变成二战爆发。最绝的是，当事人双方本是配对伙伴，那中国男孩本就是闷声不吭的读书梁子，哪经得起这个折腾。

于是当天下午，在被同来的法国老师教训过后，男孩被直接领到了颜珞隽和另两个女生面前。

“Sébastien，你选一个，这三个是我们班最优秀的女孩子，还是派小姑娘给你安全些。”

他抬起头，眼睛在三个女孩身上不怀好意地打量了几下，最后上前一步，朝颜珞隽扬了扬下巴：“她。”

颜珞隽有一种被雷击中的感觉，她觉得刚才就像在拍摄《相约星期六》一样，但是可悲的自己不敢得罪节目组，不得不去接受一个不得不接受的男嘉宾，并且这位女嘉宾很快便明白这是魔鬼配对。她觉得自己就好像是一个现代女奴在被法兰西侵略者压迫。Sébastien 的悟性高，对中国文化很有兴趣，是一个很出色的交换生，但性格却极其霸道难伺候。这样几天之后，颜珞隽甚至把法文字典里可以骂人的话全部默记在心，以备不时之需。魔鬼日飞转到第五天，学校组织法国学生游览上海市中心，颜珞隽一路上必须回答 Sébastien 嘀嘀咕咕许许多多的问题，变成了一本史上第一活体百科全书。到人民广场停下来时，男生却挠着头不肯走了，他朝一脸不满的颜珞隽指了指前面的鸽子。女生愣了好久，然后一脸镇定地买了两包粟米，拿出一点倒在手心里，灰白色的鸽子便摇摇摆摆地走到她身边。她面无表情地把所有的粟米都向 Sébastien 站立的方向撒去，霎那间所有的鸽子都扑腾着飞向他，把快要一米九的男生吓得像个孩子似的跑走，颜珞隽这才控制不住地哈哈大笑起来。

一行人像个国际旅行团一样在市中心兜兜逛逛了好半圈，一直用凶狠目光瞥着颜珞隽的男生偷偷凑到女生耳边道：“跟着那么多人好没劲，我们自己去逛好不好？”颜珞隽吓了一跳，她想不通怎么会有这么不安分的人：“你疯啦！要是被发现可要记大过的，不行！”

“那我自己一个人去。”

“你！……”

颜珞隽看着对方的无赖样，心知他的个性，想找左越说在报人数的时候不要露馅，却找不到了好友的影子，只好拜托别人，然后恨恨道：“我警告你，四点半收队之前必须回来，不然我们都玩完儿了。听到没，法国佬！”

Sébastien 完全没有理她，而是迅速拉住她的手，在大马路上狂奔起来。他跑得非常快，以至于颜珞隽必须使出最快的速度才能勉强跟上，她从没有跑过这么快，风就这么快速地路过耳廓，风声在笑。

颜珞隽拉住男生快速跳上了一辆刚刚好停在车站的观光巴士，两人走到二层，车子驶出去，风刮过来。

“开到哪儿？”

“现在是往淮海路方向。”

“等到晚上这里的灯都亮起来会更好看。”女生指指公车穿行而过的华美梧桐，观光车带着他们一路穿过，一排排挂着品牌 LOGO 的大幅广告，街边装修地英伦风情浓郁的咖啡馆，一幢幢高档写字楼云集伫立。2.2 公里长的不夜城商业区，巴黎春天、大时代广场、金钟广场、无限度广场、香港广场……颜珞隽看着这些目不暇接的繁华商场，脑袋里微微恍惚着。从小她就一直会经过这里，可是她从没有进去过。这条可以和 Sébastien 居住国度的香榭丽舍大道媲美的马路，用她最精美奢华的外衣客气地把自己拒绝在外。

“在想什么？”

“没。”

“我们下去逛逛！”男生拉过她的手在淮海路末站下车，高大的商场里传出环绕声响亮的欧美音乐，两人在下面和来来往往的行人变成一股流动的画面，Sébastien 拉住女生走进去。两个人穿着校服在大商场里走，头顶金光绚烂的日光灯醺得颜珞隽有些晕。她的眼睛搜索着形色各异的英文字母的牌子，CHANEL，GUCCI，BURBERRY，或是下一层次的 ZARA，VERY MODE……她还记得钱茜有个 GUCCI 包包，精致地让她呼吸一窒，当然看完价格后她想直接窒息。

女生只是尽力用眼睛扫视那些挂在精致橱窗里的漂亮尤物，连走进去都觉得害臊，但是她在一个柜台还是忍不住停了下来。

细致至极的腰间褶皱，参差不齐却轻盈如斯的律动下摆，柔软轻薄得几乎感受不到它的质地。颜珞隽呆呆地凝视着它，这条纯黑色的天鹅绒般柔顺美好的小礼裙，以磁石般的吸引力把她牢牢锁定住，情不自禁到自己都没有发觉。女生微怔了一会儿，才发现 Sébastien 在身边懒洋洋地望着自己，也不出声，任由自己乡巴佬似的傻愣愣地瞅着那条裙子。她刚想开口，目光却忽然定在了它 的标签上，RMB3600，像一个烫金的词，她的手一下子握紧。

“这个款式打八折，上面的价格是已经打好了的，随便看一下。”销售小姐朝颜珞隽笑笑，女生顿时有些手足无措。她转过身突然睁大眼睛，在 Sébastien 斜后方，熟悉的背影让自己以为眼花，她揉揉眼，感到有些疼。是他们。男生的嘴角微笑着，从包里拿出一张卡递给服务员，他身边的左越手里拿着一条纯白色的裙子，双颊被商场里的暖气醺得晕红。她眯起眼想掉头，却无法移动。如果站在他身边的不是左越而是我，那么也许那条裙子也能这样轻巧地躺在我的怀里吧？她就这样定定地站着，对方已经看到了自己。一瞬间四个人默然无语。还是左越挠挠头跑过来：“诶，隽隽，你怎么也逃出来啦……”

“我……没啦，被法国佬逼的。你们兴致还真好，情侣逛商店呢。”

“你取笑我啊。”左越打了她一下，“我总要买条裙子备着留学生晚会用啊。”

“诶，留学生晚会？”

“拜托，你大脑不要总是比别人反应慢一拍好不好？”她看着一脸茫然的颜珞隽，“离开的时候大家会举办一个告别晚会，到时候你可别再装低调穿一件套头衫来啊。”

颜珞隽微微笑笑，涩涩的感觉又轻轻泛起，她看着女生 VANS 的板鞋和肖凯齐 Levis 的钱包，这才是一个世界的人。

忽然左越惊叫一下：“啊这条裙子！”肖凯齐定在颜珞隽身上的目光这才移开，他抬眼看看女朋友惊喜的目光和那条纯黑色的小礼裙。然后目光一转，那个法国男生至始至终没说话，就懒洋洋地站在那儿，仿佛什么都不关他的事，此时他金褐色的眼珠也转过来朝自己看，什么情绪也没有。他转过头，微笑道：“喜欢就去试试看。”

颜珞隽脸色一点点苍白起来，却又有些奇异的潮红，她看着换好装的左越从试衣间里出来，有些褶皱的腰间点缀让她显得纤巧迷人，略微荷叶设计的下摆显出修长的腿。她站在那里，颜珞隽握紧手指，如果是我，如果我穿，一定会比她更好看吧？

“我想要这个。”左越撒娇似的拉开裙摆，肖凯齐看了一下标价，脸色有点微变，但还是笑笑，“已经买过一条啦，这个以后再来看吧。其他地方说不定还有更好的。”

胸口鼓胀出细微的尘埃粒子，朝逆着光的方向流动，颜珞隽垂下头，发现有人拉住她的手，是 Sébastien，他的嘴角微微上扬，形成一个她从没看到过的温暖表情，朝着左越和肖凯齐：“你们继续，我们先走了。”

{六}

颜珞隽做一辈子梦都没有料到第二天到班级的时候自己桌子上会多了一个小小的包装袋，她好奇地打开一看，震了一下……

“哇！颜珞隽！我的天！”

“真的哎！Dior 的新款！……”

第一个叫嚷的同学把周围的女生都陆陆续续吸引过来。一双双眼睛紧盯着颜珞隽手里展开的黑色礼裙，议论声此起彼伏几乎要把耳膜挤破。

“好漂亮……”

“好像一早就放在桌子上的，隽隽，是谁啊？”

“对啊，是谁啊，应该是男人送的吧？”

“喂喂，今天最早来的是谁啊？”

颜珞隽张张口，说不出话来，她的视线转向在角落里把头埋在臂弯里的男生，他柔软的浅棕色头发服帖地躺在额头上，显得不再跋扈。

“Sébastien！”

不知谁喊了一句。

“是 Sébastien，我进来的时候看到了哦！”

学生们一下沸腾起来，班里像一个烧开了的大杂锅，沸点早已超过了 100 摄氏度。“哇塞，才几天就把法国人勾引到手了，这个颜珞隽不简单啊。”

“就是……天知道这个有多贵！穿在身上我都怕遭天谴皮肤烂掉耶！”

“法国人有钱，哪在乎这点，听说他们前几天就偷偷溜出去了哦……”

“啊？是不是真的……”

“看不出颜珞隽原来也是这种人哦，这么会勾搭男人。”

女生在一片沸沸扬扬里有些气恼，把东西包好朝男生走去，对方却先一步走过来。Sébastien 抬起头，金褐色的眸子定定地瞅着她：“别拒绝，对你来说也不算什么高档货，是朋友的礼物，别拒绝好不好？”对方的表情真挚，居然带了点微微的孩子气，让颜珞隽一下心软，无法动作。左越在身边瞅着颜珞隽手里的那条黑裙子，目光里不知道是什么情绪，语气微酸：“你这小妖精，看不出啊。”颜珞隽一惊，讪讪而笑：“什么啊，怎么连你也这么想。”“那好啊，人家给你你就拿下呗，你爸不是老在欧洲跑，肯定给你带回来很多东西吧，你要是觉得过意不去送还他一个礼物不就好了！这不就结了吗！”

颜珞隽脸色苍白。这种主意用在自己身上，就成了馊的了。

她瞅着那个礼盒，手不由自主地抚上盒身。直到这天放学，她还能感受到同学们停留在她身上的目光。在颜珞隽所生活的世界里，这是第一次。这是十几年来她一直想象过的，所有人的目光焦点都集中在自己身上，却没想到是以这种方式。但不管是哪种方式，她都从心底升腾起一股无法言说的心绪，他们像是从彼岸漂浮过来的浅薄的氤氲，背负着所有心底里无法消散的灰色尘埃，一层层附上心脏的中心点，冰冰的，暖暖的，矛盾却不愿意放手的奇特情感。这是莫名的虚荣感。

但是她拿什么作为回报？她不愿像嚼舌根的人口中说的那样，白白拿人东西。但她觉得就是把自己卖了都换不到和那条裙子同等价值的物品。她愣愣地瞧着左越：“那你说给他什么？”

“喏，比如这个啊。”女生拉着颜珞隽到座位旁，指着课桌抽屉里面那个LOGO标志很大的香水瓶道：“大卫杜夫Echo回音男士香水，我一个法国朋友带给我的，很漂亮吧？我觉得像这种Sébastien一定不会讨厌。”

颜珞隽盯着那瓶香水，握紧了手指。

{七}

女生一个人从学校出来以后直奔家弄堂后门的小商品市场找到西北角的小间。

“阿叔，你所有名牌香水的瓶子都给我看看好不好。”

“没问题啊，你自己看。”一个在忙活着的男人指了指玻璃柜台和底下的麻袋。颜珞隽往里面仔细看，Dior，Chanel，Anna Sui，一个个精致小巧的香水瓶子林立其中，里面流淌着各种颜色的液体。她麻利地翻了翻，转身问他：“我要男士的，像大卫杜夫 Echo，你这里有吗？”

对方顿了顿：“有就有，没有就没了。”

“如果付双倍钱定做呢？”女生看着他，把手机上的图片拿出来给男人看。对方愣了一会儿，然后点点头：“把图片打印出来，过两天来拿货。”

左越的大卫杜夫香水一直放在抽屉里，颜珞隽知道她是要在一天后肖凯齐的生日会上送给他。女生手里拿着装着不知名液体的香水瓶子，手心微微出了汗。不会的，不会发现的。你这么有钱，根本不会当一回事的。教室里人很少，都三三俩俩坐在别人的位置上，左越已经到老师办公室去了。女生故作镇定，手微微抖着把那瓶放在书包深处的香水拿出来，一股淡淡的海洋香气让她打了个激灵，她赶紧把手里的假香水和那瓶香水交换了一下，把左越的握在手心里，然后把东西收好放进去。手里的香水滑进衣服口袋，女生已经满头冷汗，她忽然浑身一愣，感到有一双眼睛紧紧盯着自己，发现了自己的动作，可是她回头看四周，没有一个人看着她。

事情的暴露时间比颜珞隽想象的提早太久。如果不是左越忍不住的炫耀，也许她永远都不会发现。女生在和几个同学讨论香水的时候忍不住把大卫杜夫拿了出来，所有人都露出羡艳的表情，有几个女生打开瓶盖放到鼻子边。其中一个女生不阴不阳道："这个味道有点奇怪。"身边人拿过来闻："还好啊。"

"还好是还好，可问题是这是大卫杜夫，大卫杜夫这种香水的味道一向以清新闻名，可这个味道你不觉得很奇怪吗？"

"好像是诶……哎你们看这个瓶子上的字母看起来好像被磨损过一样，有点……"

"不会是假的吧。"

不知道是谁的总结性语句让面色已经很不好的女生大吼出声："说什么呢你们，这个是我朋友法国带来的，怎么可能是假的啊。"

"法国也有假货啊。"一个女生道，身边有人附和地笑起来。左越的声音很大，惹得周围一圈都朝这一片看过来，颜珞隽的整个手心已经汗水淋漓，她抬起头看见女生委屈而愤怒的神情，眼睛里微微涌出一点泪水，她心口感觉什么东西陷了下去，终于忍不住道："你们不要胡说！左越怎么可能会有假货，自己不识货就算了！"她说这些话的时候语气有些抖，她感到无名的难过喷薄而出，却在心里喊着，我没有错，没有，我是实在没办法，我不知道会这样，对不起，对不起……可是这么一吼，反而吸引更多人看过来，各异的眼神，觉得自己越描越黑，她感到前所未有无助。有的时候自己是知道的不是吗，其实左越并不全如自己所想，那般单纯地相信自己所有的谎言，有的时候她有意无意的举动就好像是要让自己出丑。可是这么一瞬间，她还是无法控制住自己不去管，明明不关自己的事，却在那一刻想撇清所有人对好友的怀疑。女孩的手有些颓然地垂下。忽然她觉得头顶有阴影漫过来，抬头看有人站在她身边，个头高高的立在人群中的法国男生拿过那瓶香水闻了闻，打了个响指："正宗的 Echo。"

周围发出一阵嘘声，没有人再异议。颜珞隽不敢看他，她把手伸进口袋，冰凉的香水瓶子仿佛要烫坏皮肤。

{八}

肖凯齐生日会的邀请函发到颜珞隽手里的时候，女生的眼皮突突跳了两下。她看向浅褐头发的 Sébastien，他在人群中和法国男生们商量着什么，嘴角刚刚好地弯成一个非常可爱的弧度。他的眼光瞥到颜珞隽，女生有些心虚地撇过头。昨天晚上在那个简陋的小房间里把那瓶昂贵的香水和那条如同黑曜石般璀璨的裙子摆放在一起，它们像是吸在一起的磁石让自己的内心如同波澜的海水，它们在这个破旧的小屋子里就像两个发光的贵族，女生无法忽视它们。这是她十几年来都没有的感觉，从 Sébastien 把裙子送给她的那一刻起，那种纯粹的情感似乎就发生了改变。漫天的绯闻没有让她懊恼，反而让她渐渐喜欢起来，那是一种极其奇怪的感觉。但她不敢把那瓶偷梁换柱的男士香水给他了，她在左越发现之前把香水重新调换回来，把假的丢进垃圾桶，如同丢掉了一个烫手山芋。

她看了看班级里热闹讨论的人群，还是背起书包握紧邀请函走出了学校大门。

顺着邀请函上的地址走到七拐八弯打造得十分漂亮的异域风情浓厚的石库门地带里，颜珞隽才僵硬着脸不再前行。这是位于新天地北里的Barana，女生在外面就可以听到里面震天响的音乐，她侧身让一个外国人走出去，又皱了皱眉头，转眼看见伫立在门口的肖凯齐，失去了校服的装束后再也看不出是重点高中的优等生，痞痞的模样让颜珞隽有些不适应。“穿成这样去外企面试啊。”男生努努嘴，把颜珞隽外面一件外套拽下来，把她脑袋往下压了压，“进去吧。”

“可……可我未成年……”女生的话没有来得及说完就已经进入了一片东南亚音乐的混杂声中，各色人群让自己有些头晕，她看到一桌人已经在座位旁等候，都是男生的朋友。他们看见自己便朝肖凯齐嘘声。

“欸，左越呢？”颜珞隽扫视了一下，只有一个染着黄发的女生，用画着深深眼线的眼睛打量着自己。“她不在有什么关系，你不是来了吗。我们去跳舞吧？”他笑嘻嘻地去拉颜珞隽，女生不自觉地退后一步，忽然发现人群中的躁动，服务生到肖凯齐身边说了什么，男生立刻皱起了眉头。

“凭什么，我们先来的。”

“不好意思先生，你们还是坐那边吧。”

颜珞隽张张口，忽然瞪大了眼睛，门口进来一群外国少年。虽然酒吧里老外本就不少，但他们还是因为身高和人数在人群里一下子显现出来，为首的那个格外引人注目，颜珞隽几乎不敢确认，竟然是他们，他们商量的活动竟然是到这地方来。本来对中国客人表情不耐的侍者立刻殷勤地给他们引路，颜珞隽转过头去，却被肖凯齐盯住：“那个人……”女生结结巴巴说不出话来，这时Sébastien一行人已经走到了肖凯齐一班人的座位这边，他盯着女生的侧脸看了良久，惊讶地伸出手，颜珞隽抢先一步讪笑着转过头来。Sébastien睁大眼睛，来不及问话，肖凯齐已经走上去拉住侍者的领子：“喂，搞什么，凭什么给他们？这里是我们先来的，你们这群人真够势利的啊？！”

Sébastien眯起眼睛看看颜珞隽再看看肖凯齐，步子一跨就坐上座位，朝侍者示意要酒。终究是肖凯齐这边忍不住，年少气盛地跑上去想揪法国男生，但对方也是血气方刚的年轻人，在国外怎么可能任由人欺负，再加上身材本就高大，几个推推搡搡之间，一群人竟然就这么莫名其妙打了起来，女生在一边愣着不知道该干什么，她只觉得血液都在头顶上。这场打斗只持续了不到几分钟警察就来了，但是现场已经让一群少年弄得混乱异常。颜珞隽握紧了手指，她不担心肖凯齐，如果说公安局长的亲属都需要担心的话别人就没有活路了。男生仗着对方语言不通朝两个警员言辞夸张地讲述着，最后朝Sébastien挑衅地看了一眼，拉住颜珞隽的手：“我们走吧。别管他们了。”

“肖凯齐。”

“嗯？”

“你今天真不该找我来，左越会很伤心的。”她定定地看着他，然后猛地挣脱肖凯齐的手，左手迅速拉过Sébastien的右手：“如果你今天动了他们，那明天，来过酒吧的敬业中学优等生也就等着被检举吧。”

肖凯齐不可置信地看着她，过了良久才咬住下唇朝两个警员使了使颜色，双眼这才直勾勾地瞅着颜珞隽。女生瞥了他一眼，握住Sébastien的手加了点力，迅速跑了出去。

{九}

飘过身边的风流进耳朵里，浸泡着腥涩的气息一点点灌满了胸腔。夜里璀璨的灯光在眼里摇摆成迷离的姿态。

他们手拉手穿过海派气息浓郁的露天酒吧，各个品牌专卖店和综合特色的餐厅如同蜘蛛网一般密密麻麻地布满了这座繁华不夜城。他们脚步微微慢了下来。女生松开了手，停下来喘气。她感到胸腔里的气息慢慢定了下来，但是空落落的，她知道她失去了什么，并且再也没有机会去拥有回来了。Sébastien 在她身边停下，眼睛微微耷拉下来，不清楚在想什么。

“你刚才对他说了什么？”他问颜珞隽。

“没什么。”女生面无表情道，“你快回去吧，这么晚出来算是违纪。”他知道她这时候不想搭理他，于是微垂着眼睑默默跟在她身后。颜珞隽的双眼一张一合。他跟着她径直走到便利店里，看着她买了两罐啤酒，走到马路上拉开罐子就喝，咕噜咕噜，双颊不久就泛出了浅浅的粉红色。她一屁股坐在人行道的街沿上，身后繁华的灯光都被隔离在视线外。颜珞隽如同一只喝醉的猫般微微垂着头，她想，Sébastien 还在身边吧。如果不在，她一定会哭的，这一段来不及成形就被这个混小子搅了的小爱情。可自己为什么要拉着他出来呢，她也不得而知。这一夜，喧闹背面藏着宁静，等到她渐渐垂了头，她才感到有人轻轻把她抱起来，放进了出租车内。“你家在哪儿？”有人问。

她微微睁开眼，喉咙口含糊地报出一个地址。然后感觉车发动起来。模糊的视线即将闭合的瞬间，却忽然感觉有人朝她慢慢靠近，在自己的额头上轻吻了一下。

所有的喧嚣瞬间被头顶的灯光炙烤成了孤单，一切都恢复成了心脏口安静的原有的模样，在自己漆黑弱小的视觉深处，头顶的一块地方像是被阳光侵袭，温度高得以至于轻微的呼吸都将窒息。梦境。她想。于是慢慢睡去。

早晨醒来的时候头痛欲裂，打开手机同时跳出来的无数条信息差点让手机卡住。其中有一天消息是：“隽隽，快来学校！人群要爆炸了。”她颦了颦眉，看见父亲不知道什么时候站在门口，脸色有点疲倦地责备道：“醒了？你最近都在搞些什么？昨天晚上一个外国男孩子把你送回来的，怎么回事？那么晚了嘴里还带着酒气，颜珞隽，你知不知道昨天你们老师打电话来说你数学考了倒数第二……我该说你什么好？”

女孩脸色一白，她看着面色疲倦头上已经生出根根白发的父亲，鼻腔酸涩，张张口却说不出话来。正不知如何是好时，忽然感觉全身冰冷，整个人僵住。昨天晚上……外国男孩？冷汗慢慢爬上额角，她慢慢握住手掌。发现了，被发现了。

灰姑娘之所以一定要在十二点之前回去是因为王子会在十二点识破自己的伪装，她忘了这条训斥。所以一切都会被识破。

不是让人羡艳的公主，而是诡计多端爱慕虚荣谎话连篇的穷丫头。

什么父亲在欧洲做生意，什么几千元的香水也不过是小意思，什么新天地的消费九牛一毛。这才是真正的我。

住在贫民窟的我编造出各种谎言，生活在自己的世界里，抵不住外界的诱惑而失去了最原始的本质，矛盾着却不愿从这种谎言中解脱出来的坏女孩。

终于还是被发现了啊。

{十}

女孩到学校的时候发现，所谓的人群爆炸，原来是绯闻爆炸，流言蜚语以迅雷不及掩耳之势传遍了整个高二年级，据说是有好事的法国学生讲了昨天在新天地的状况，并且还看到两人一同坐在人行道边。经过一传十，十传百，事情变得离奇失真，甚至连贴吧里面都闹得沸沸扬扬，一年级消息灵通的新生甚至跑到二年级部来瞻仰两位新生代国际男女尊荣。

在所有人的逼问下颜珞隽愣是没有说一句话，秉承着打死不招供的革命精神死闭着嘴。越是沉默越是惹人深思，这种烈火般的传送速度瞬间把女生的知名度推向了高端。她清楚地知道她应该坚决摇头，谣言自会慢慢澄清。可是她没有这么做。他不会再想理我了吧？却还无法放弃这种礼遇和关注。像一个从没见过市面的土丫头瞬间被大千世界的时尚地图给蒙蔽了眼，她在里面迷了路，即使看见了路标，都无法走出这个迷宫了。

她忽然想到脱离物质前他们慢慢滋长出来的友情，美好得让她心凉。心凉到她没有和男生再说过一句话。

法国交换生到来的第三个星期末，光明中学为他们举行了欢送仪式，当天晚上一群人征得学校同意后在左越家举行了盛大的狂欢，颜珞隽坐在小角落里，看着那些 Chanel 长裙把女孩们小麦或者白皙的肤色衬地极美的模样，她们金光闪闪地站在大厅里，和大声笑嚷的男孩们说话。她的目光流转，那些呱噪的男孩们穿上精致的欧式燕尾服，如同换了一个人，却迟迟不见自己想看的那张面孔。他会到哪里去……她还在搜寻，看见左越拿了一杯特制的鸡尾酒朝她走来，身上穿着一条雪白的小礼裙，把原本不白的肤质衬托得发亮：“……隽隽，你为什么不穿礼裙啊？上次 Sébastien 送你的那条黑裙子……”她住了口，因为颜珞隽根本没有听她在说。她站起来走去二楼，那个时候是在这里，她兜兜转转，迷迷糊糊走到别墅的后院，那个男孩坐在那里，塞着耳麦，金褐色的眸子瞬间扫清了所有的阴霾。她感到一愣，昏暗里好像真的踩到什么东西，她低下头，男孩坐在那里瞅着她，眼光如同孩子般纯真无忧，让她突然感觉喉间一哽。

“你为什么在这里？”这次是他问她。

她转过头，轻轻开口：“我迷路了……”然后把一个安放着黑裙子的礼盒轻轻放回了他的身边，转身离开。一切都不可能回到起始点。

她看着窗外忽然升腾起的烟火和人群的拥抱，感伤，在心里轻轻道了一声，再见。没有听到男孩在黑暗里被烟花声淹没的呢喃法语。

……其实你本身就很优秀，不需要去羡慕任何人，不需要去伪装任何事。即使你迷路了……我也可以像那时候你带我回去一样……

带你回去。

{十一}

钱茜在交换生回程的三天后回到学校，兴高采烈地讨论着在法国的趣闻，并从别人的口中略微知晓了一些好友的事情，于是兴致极高地让颜珞隽交代罗曼史。所有的流言在男生离开的那天慢慢消散，除了有些诸如“哎呀勾搭来勾搭去有什么用，最后还不是走了”的刻薄语言之外，她再也受到什么骚扰。她想，结果了一场梦，原来她还是那个需要伪装起自己的撒谎精。

交换生离开的第三个星期的早晨，颜珞隽收到了一份快递。她莫名地看着上面的法文，打开那个大盒子，一边开一边不知为何感觉手有些抖。那是一只礼盒。纯白色的晶亮的盒身里包着一条精致绝伦的黑礼裙，展开后它瞬间照亮了整个屋子，璨璨生辉。那一天她看着穿着裙子的左越，觉得她多像一个被宠坏的公主，却没有发现，有一个人也给了她这个机会。她呆呆地看着它，发现盒子里写着一句法文。她微微张口，泪却比声音先跑出。

Vous êtes ma lumière.

——你是我的光。

{十二}

都知道的。没有说，但我都知道。因为自己稍稍包容了他的任性，因为自己在无关紧要的抉择之间曾经为了他放弃了某些东西，他便牢牢地记在心里了。知悉自己的虚荣、伪装和自卑，不管是偷换香水时，在商场里看着那条裙子时，还是在街上喝酒时。他都用自己的方式来保护自己那可笑的自尊心。孩子气、霸道、不讲理。却想尽办法不让你难堪，而给你的一切，却并不需要你给他任何回复。

女生抱住那条柔软的黑裙子，抹掉了不停掉落出来的眼泪，重重地点头。

Vous êtes ma lumière.

心底有款款漂浮着的尘埃。我一直坐落在逆着光的地方，以为没有人会看得见自己的好。却发现不知从哪里汩汩混进的光尘，温暖柔软地收敛住所有心口空洞的伤洞，慢慢往里面注入热量，就像哪一天轻盈的，不是没有发现的，你落在我头上的吻。逆着光的心尘，有一天终于唯唯诺诺地从底层漂浮起来，击碎了所有的虚伪。原来逆着光也可以是光的。而这一切都是因为——

你。

你才是我的光。

《逆光》幕后

灵感：2009年的某一天

初稿：BALABALA……

创作周期：BALABALA，too……

修改意见：主编Mok先生

枪毙千万次也不会死

↓ 正方　Mr. Mok

对作者来说，《逆光》绝对是个劫难。这部小说前前后后修改了不下10次，所以你们看不到初稿、二稿、三稿时间这样的数据，因为季若离同学是比较勤奋的快枪手（尽管准头时常有点问题），几乎是每过四五天就会出一个新版本，然后被枪毙，再修改。

在作者本身的杯具性上，季若离和写《年少如刀》的九苏是一样的，唯一的区别就是，九苏总是任劳任怨的拿去就修改，而狮子座的季若离总是在QQ上对着她的责任代理编辑叫嚣三遍“我要杀了你！！！！”

然后再去修改。

没办法，作为一个当初连星巴克和Starbucks都能当作是两家不同的咖啡店的小女孩，要她上手这么时尚的题材的确很有难度，却也是个磨砺的机会。

但不能不承认，莫名其妙就获得了12届新概念大奖赛一等奖的小季还是有那么一点点底子的，至少在讲故事上有一点点天赋，对起承转合都有自己的把握，尽管这种天赋很受性格因素的波动影响。比如在写第四稿还是第五稿的时候，小说里女主角有个中专毕业就打工的姐姐，结果到后来她被车撞了，女主角意外发现自己不是父母亲生的。那个不幸的编辑在听到这个构思之后就差点疯了，真让琼瑶阿姨和韩剧编辑情何以堪？后来季某人辩解说自己当时太累了，神志不清，才有了那样狗血的构思。

结果，正如你所见到的，最后姐姐不但没有被车撞，连出现也没有出现，这个人物彻底被抹杀掉了。

↓ *反方　季若离*

如果没有强迫症般的毅力和偏执狂的细节追求，或者你要是索性没有疯子般的胆量，切记，不要写小说，至少不要在Mok先生的刊物里写小说。

刚开始接到稿子要求的时候很叛逆加排斥。鄙人生在上海，却感觉自己是从原始部落来的，因为一度以为星巴克和Starbucks是两家店……况且这个小说涉及上海的周边以及名牌，以上海真实的情景为背景，所以真是苦恼。不过最后决定既然写了就要把不喜欢的材料装修成我喜爱的空间。于是在某王的带领下在人民广场一带转悠了三四天，将周遭的环境了然于胸，这才开始动笔。

小说的原稿名为《夏光遗痕》，是不一样的内容，以两姐妹的矛盾为主体，虚伪美丽对抗笨拙大气。是通宵赶制出来的两万字，可惜我心爱的“姐姐”不幸夭折。把妹妹提取出来重新构造，独占法国佬。（姐姐太作孽啦，我爱姐姐。）在构造法国男生时顺便满足一下当时突然想蹂躏欧美系的变态心愿，算是喜欢的男生类型，表面很霸道，内心很善良。

构造女主角的时候很不喜欢，算是霸王硬上弓，但在构造的过程中，也慢慢写出了她的好，尽管有那么多缺点在先。

如果您遇上描绘煽情的地方，请恕管理不周，可绕道而行。不期待《逆光》被喜欢，不讨厌便满足，能看到底便感激。

配图很美，感谢画者。

感谢观看，完毕退场。

零零零 2

零零零 7

零零零

[微评]

鸡立鹤群的滋味确实不是那么好受，结尾有些过于完美，毕竟不是《沉香屑》。

———齐小侠（两颗星）

最美丽的时候很贫穷，这是最大的悲哀……嫉妒、自卑、虚荣、倔强这些情绪谁没有过？

———大越猫（三颗星）

故事比较漫画化，看开头不久基本上可以猜到结果。

———苏细细（两颗星）

6
Novel Department.06

Name: 张怡微

江湖评号“艾米张”，双鱼座女生，萌芽杂志人气女作者之一，复旦大学哲学系毕业。擅长小说、港台流行乐评。已出版《怅然年华》、《青春禁忌游戏》、《梦醒》、《下一站，西单》。

很多人对她的评语都是：理智、知性、BALABALA……其实都不知道生活里的艾米张是个很随性的人，温文尔雅却语出惊人。可一旦打开WORD程序准备写小说，她的人格就开始激变了……

独立寒秋°

Text by 张怡微
photo by 沫沫

一

陈谏方才挂断父亲的电话，母亲又打来，他便给按掉了。他料想他们俩也不会有什么要紧的事，总是问问“好不好啊，坏不坏啊……”大人总是这样，尤其是在帮不上忙的时候，所有的关切都无端令人烦躁。此刻的陈谏正忙得不可开交，连水都顾不上喝，满桌的香蕉皮和泡面盒，更别提料理这类虚妄的寒暄了。

正午12点，陈谏刚刚准时给黄霄发去了稿子，累得横在了地板上。恍惚地眯了两个小时眼，打了个瞌睡。

不想，猛然间他又被电话铃闹醒，费尽地睁开眼睛，一瞅，号码竟还是母亲的。

陈谏很无奈，木木地起身冲了个澡。窗外秋色正浓，挂着刺眼的艳阳。那是毫无蕴藉的光明，因为它并不暖，但总比夜晚的深寒来得善意些。陈谏尚未醒透，整个人都是轻飘的，他隐隐感觉，口腔里滋生了两只溃疡，一只在舌苔上，一只在智齿旁。他于是打开抽屉，取了点西瓜霜，胡乱往口中喷了一通。随即又回到电脑前，动掉了不知名女优的泳装屏保，启动了一只空白的文档，就像一遍又一遍启动他空白的人生。

昨天吃泡面的时候，陈谏看了会电视，采访著名导演贾樟柯，说到他在电影学院那会儿，有次当枪手帮人写剧本，事成之后，却没有拿到应得的报酬。别人扔给了他一箱矿泉水，还补了句：你就值这点钱。贾樟柯注视着这箱矿泉水，整整一下午，一句话都说不上来。那时仿佛，也是一个寒秋。后来怎样，陈谏没有看下去，因为他吃饭的时间就只有这些。关掉电视的时候，陈谏眺了一眼窗外，他已经很久没有出门了。四季仿佛就只是悬挂在窗台的万年历，兀自更迭。想是自然有时比人更为严谨，它不知疲惫、又能毫不用情。

陈谏此刻极想点根烟，可惜没有时间了。

毕业以后，为了谋生，他开始从事替人代笔的工作。写作对于他来说，早就不是什么神圣的理想了，而是充满了无休无止、又无望的重复。之后的几年，他也不是没有机会从事别的行业，只是生存的惯性是迫人的。他如今已很难找到同等收入的工作，就凭他零起点的背景，不挺括的学历与难以规律的作息。

傍晚的时候，黄霄给他回了短信：写得不错，再接再厉。随即陈谏又收到了黄霄转发的转帐通知，八成是他助理传给黄霄的。看到“钱已到帐”四个字，陈谏暗暗定了心。网络时代就这点好，什么买卖都能立竿见影。

这是最后一个小说了。陈谏安慰自己，写完这个，他就好彻底休息两日了。他已经很久没有同母亲联络。自从搬离家中，陈谏对母亲的依赖越来越少。这原是他料想不到的，他甚至记得，早前曾负气地问母亲，倘若叔叔和他只能选择一个，会选谁。母亲迟疑的半秒将他彻底推入了另一个世界，不过这样也好，因为那之后似乎一切苦楚都渐渐钝感了。人生的许多重大变化在更迭时都是极其微妙的，尤其是隔着一层亲缘，更要小心将太多普遍认知的东西刻意当作寻常。在简单的家庭结构中，有人更爱伴侣，有人更爱子女，这并没有什么奇怪。不过他也该给母亲回个电话了，稍微唠上两句，母亲年纪大了，时不时哄一下还是必要的，只是这也需要时间。

他不愿母亲听到他精疲力竭的声音，毕竟在心底，他还是做了一个温暖的假设：母亲会在钱和他之间，毫不犹豫地、由衷地心疼他。这两天他已深觉内心的疲惫，多年来的经验使他对于自己的身体有着相当精确的体认，他觉着自己快到极限了。也许还能支持一小会，也就最后一天的时间吧。过了今日，大约就不得不好好睡一觉了。

陈谏不是作家，甚至也不是写手。他替人写稿，以别人的名义发表，不存在情义的问题，就只是一个普通的营生。他从来不去看那些出版后的作品，那不是他的，也没人会信是他的。他合作过的大牌写手很多，但他们只负责大牌，而他、以及众多与他同职业的人则负责写作。

这是这个年代独有的风貌，当明星体制从电影电视进入到各个行业，仿佛明星本身已经成了一项专门的工作。陈谏知道自己在为谁打工，却从未与他们建立有超越合作本身的联络。在陈谏看来，只消与他合

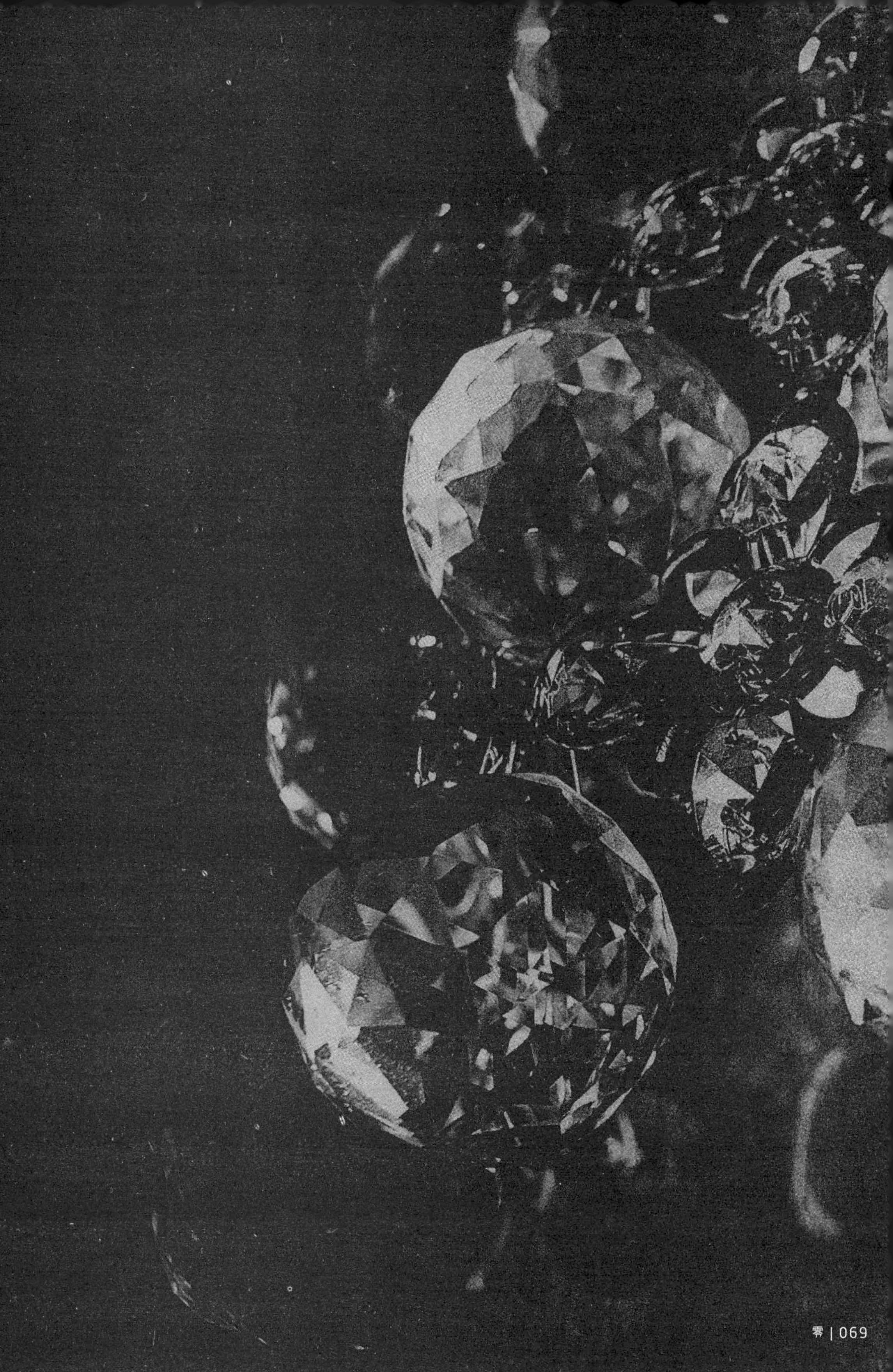

作过的人，再大牌都重重地扣了分。是他们，让他在专业领域中，成了一个履历空白的人，没有代表作、没有声名、没有工作经验。他甚至没有任何身份，算是失业，虽然他并不穷。但在这座光线亮丽的城市里，他也没有任何可靠的资产。不过在圈内，陈谏也算小有名气了。多年来守信、肯干、不怕苦、没日没夜，为他树立了良好的口碑，以至于谁要出书找抢手，纵使后备军无数，但数一数二的人选还是陈谏。

不过陈谏有时甚至觉得，自己和建筑工地上的民工无异——都是出卖自己的体力，没有朝九晚五的生活规律，没有私人空间，甚至没有时间花钱。干完一单，收一单的报酬，收到了报酬，也就等同于收到了封口费。往后楼造好了，功劳是设计师的，盈利是开发商的，而享用则是高级白领们。即使知道这一砖一瓦是怎样砌起来的，知道这平地而起的困苦与艰辛，但只消这些成为了事实，也就完全与他无干了。他也很像是代孕妈妈，分明是一项不伦的工作，但因为存在供需，也就随之产生了畸形的纲常。她们的德性不再是亲缘的捍卫，相反是彻底的背离。斩断得越干净越彻底、品格就越高尚。

这些不能见光的隐性职业，都有一个共同的要求，便是忘我、彻底的忘我，忘得越彻底，越少对自己动感情，获益便越大。

二

陈谏的业务范围很广，从武侠、穿越、到言情、职场……外面红什么，他就写什么。如今他甚至也开始接些“小清新”的活儿，因为文艺小青年成为了新兴崛起的消费力。可陈谏对于自己写过什么的记忆基本是一片空白。他随写随忘，随忘随写。特别拮据的时候，他甚至会接一些烂尾的活，譬如原来的写手与出版公司掰了，他就接着人家的构思，一往无前地吹下去。他自己也有写了一半，被通知“无缘由停止”的状况，他不知道这些东西后来谁接手了，但发自肺腑来说，他也并不是很关心。在早期尚未形成行业规范的时候，他们连合约都没有，所以分分合合、成成败败都不是什么新鲜事，而能不能找到爽气守信的客户、也全凭业内的口碑和未知的运气。

至于写作本身，仿佛早就成为了陈谏情感以外的东西，压根不过目，丝毫不过心。他已再难用自己的语言，写出自己的内心，哪怕一个字。他如今的事业，就是反复操练这种疏离，使之内化为寻常，就如他的生活一模一样。

而陈谏如今与黄霄所合作的项目，是为一个当红的媒体人写一部章回职场故事，类似于《杜拉拉》，故事成型后，最后再由媒体人点睛一下，加些功略和建议之类的皮毛，就好出版了。他们谈好的是，时间很赶，15 天内，20 万字，10 个故事。他每写完一章，结算一章的钱。这也算是特别厚待他的部分，鉴于陈谏一贯良好的信誉。因为作为枪手，陈谏的出身还是很体面的，高校中文系毕业，曾为知名主持人、当红明星、甚至说出来你都不信的许多作家代笔。在圈内，这压根不算是什么新闻。更重要的是，路人没人知道陈谏是谁，写过什么，长什么样。他没有博客、从未以个人名义投过稿，即使在互联网上，他都无迹可循。

他才 25 岁，可被使用的时间，还长得很。

正当陈谏在为黄霄竭尽心力写作最后一稿的时候，屋外突然有人敲门。陈谏不禁心头一紧，他没有朋友，他只有客户和经纪人，而这些人中的大部分甚至与他素未谋面。从没有人来探望他，这又会是谁呢？他极不情愿地起身开门，那会已是深夜了，是他写作最关键的时候，他必须在 12 点前写过万字，这样才能得以保证小睡个 1、2 小时补充体能。

陈谏打开门，定睛一看，竟然是母亲。她正提着个冒牌的 LV 挎包，哭肿了眼。

陈谏赶忙去厨房找了只袋子，把满桌的香蕉皮和泡面碗收拾了，清出一部分空地给母亲倒杯水。他突然间有些无措，看了看表，随后示意母亲坐下。

母亲虽对他脏乱的家充满惊异，但一提到自己来此地的原因，顿时悲从中来，淹没了一切。

“个混蛋打我，呜……我还养他的，他竟然打我……他问我要钱，我不给他，他就打我。”

“他问你要多少？”陈谏打了个哈欠，懒懒地问。

“200。”母亲哭哭啼啼地回答。

“那你就给他嘛，又不是什么大钱。”

“可是他还要问我借钱去给他开盲肠。他开一个盲肠要6000块钱，他又没有医保，我哪来这些钱给他。”

陈谏去卫生间拿了条干裂到发硬的毛巾，过了水，递给母亲。他已经很久都没用毛巾洗脸了，他意识到这点的时候，自己都觉得好笑，甚至，刹那将母亲还在的事给忘了个干净。

母亲接过他的毛巾，兀自唠唠叨叨说了其它一堆家务事，陈谏有一句没一句地听着，他已经累得精疲力竭，工作的时候还好，一旦放松下来，就浑身酸疼，仿佛被无数只小虫撕咬着肉身。母亲嘴里的那些，大体都是些关于钱的事，她还能有什么要紧的事。她哭得好伤心，仿佛嫁人那天一样。内脏都要呕出来了，也不知道她总是这样挖心挖肺地哭是为了什么。反正不会全是为了他，陈谏心想。不过他从家里搬出来那天，还真是出了不小的丑，邻居见到她哭成个泪人，都说“真是看不懂了，妹妹啊，伊是你儿子，又不是你爹！

搞得像嫁女儿一样，滑稽死了。”

其实那日陈谏也揪着心，眼泪颤颤巍巍差点要落下来。但他知道，在母亲心里，自己的位置远没有当下流露得那样重要。

她只是老了，忽然间心酸了。

不过母亲也确实挺不走运的，好容易把陈谏拉扯大，又嫁了人，嫁的还不好。陈谏想着，为什么有的人同样的错误会犯两次。反正他是不想结婚的，因为他不想结错了，现在看来，人结错婚的几率还是很大的。

母亲哭累了，怔怔地看着陈谏。陈谏强打精神坐起身，问：那你要多少钱。

她支支吾吾、抽噎着说了个数字。

陈谏从一只塞满西瓜霜和小包维生素片、牛奶片的抽屉里，抽出一叠皱巴巴的钱递给母亲。他也不知道有多少，七八千的样子吧。他还零星抽掉过几张，发过快递、叫过外卖，具体实在记不清了。母亲坐在一边，她的情绪仿佛渐渐平稳了许多。她专心地数着，随后把钱小心地放在了那只冒牌包里。

陈谏当着母亲的面给继父打了个电话，对那个困势懵懂的陌生男人寥寥说了下，万事好商量，打人总是不对的，下不为例。如果再动手，他就让母亲跟他离婚，让他什么都拿不到。从哪来回哪去。

母亲用陈谏方才找来的袋子继续帮他收拾。陈谏阻止了她，说，明天我会叫阿姨来弄的，你别累着。但母亲置若罔闻，依旧卖力地帮他清着桌子，粗手粗脚还差点蹭到了他笔记本电源。陈谏见不得这种场面，见到这些，就恍惚想起很久以前自己与母亲相依为命时的样子。那时候多好，他眼底泛起一阵温热，胀得生疼生疼，挣扎了会，陈谏对母亲说：“要不，你住一晚上？都这么晚了。”

母亲没有看他，边麻利地收拾、边自顾自地说：“我还是要回去的，马上就回去了”。而后，转头朝他抱歉地笑笑。

“你们广告公司这么忙啊，下班了还要做活。儿子啊，我跟你说啊，你爸爸之前去找过你姨夫这件事情你知道吗？你姨夫这个恶毒的人，竟然说我嫁了个大老板哦，开了很多厂。唉，你听了也别往心里去，我就是突然想起来了，你爸爸也没跟你说吧，他现在涵养倒是变蛮好了……那你自己当心点哦，妈先走了。”

三

母亲走了以后，家里仿佛骤然安静了许多。原来有她没她，到底是不一样的。陈谏心里空荡得很，就连一阵风吹过，都刺骨得很。陈谏关紧了窗，又回到电脑前，滚动鼠标、费劲地将之前的稿子又看了遍，因为这样一折腾，他已经完全忘记了之前自己写过什么了。码过万字后，他沉沉地倒在地上蜷了一会。

迷迷糊糊间，陈谏想到父亲、那个据说涵养很好的父亲，怪不得一直都对他不冷不热，完全丧失了信任。陈谏想着要不要打电话给父亲，多少解释一下。关于母亲的再婚、关于自己的工作。可倘若一个人早就对你丧失了信任，说什么恐怕都是徒劳的。

过年的时候，陈谏曾去探望父亲。两人喝着酒，突然间陈谏就哭了起来。他说着自己这些年的辛酸，直研被一个有门路的姑娘挤掉了，考研又差了一分没有过线。说母亲连看病都不舍得钱，却常常问他要钱，他只能每天毫无尊严地卖命工作，赚钱养活母亲。别的同学不是被家里安排在轻松体面的职位上大把赚着钞票，就是出国留学成了海归，抑或是早早结了婚有了正常的生活。而他不知道自己这样漫无目的地混着，什么时候是个头。

他极少这样失态，借着酒势，仿佛轻易就动了真情。

而父亲却无动于衷地看着他，抿了口小酒，咋了下嘴，问陈谏：那你现在的工作是什么？你又和谁住在一起呢？

陈谏怔住了，哑口无言。父亲似乎对他的艰难完全提不起兴趣，他压根听不进他的话。前一个问题，父亲问过他很多次了，他都绕着弯说是广告公司，又说贸易公司文案，父亲问“名字呢？”，陈谏一慌，便答不上来了。后一个问题，陈谏更是无言以对，他又怎么能说，一个正吃着软饭的陌生人如今住在父亲留给他和母亲的房子里，而他却在外边租着这个小破房子，没日没夜地做着枪手。还是母亲亲口建议他搬走的，可这话他没对任何说过，他对任何人都说不出口。

只是现在想想，一切也就豁然开朗了，经过姨夫的渲染，他早就被置于一个孤绝的境地之中，父亲恐怕一直都很陶醉于“我知道内情”的状态中，再也不会发自内心地关心他的悲喜与哀痛了。父亲明知道，姨夫和母亲关系不好，却相信只有从姨夫那儿，才能听到他想听的……哪怕是谎话。

怎么会搞成这样呢？陈谏鼻头一酸，他想不明白，内心磅礴的苦涩喷涌而出。仿佛在这个世界上再找不出一个真心对他的人了，一个都没有。虽然他完全不明白自己到底做错了什么。

凌晨的时候，陈谏又被一阵急促的电话铃吵醒，他吃力地打了个喷嚏，而后清了清嗓子说：“喂？”

“喂你个头啊，陈谏啊，你还想不想继续混了。你现在是不是翅膀硬了，想单飞了？我帮你讲，就你，做梦吧。”

电话那头是黄霄。他嗓门很大，盛怒的样子，陈谏的脑袋被他轰得一片空白。

“你这是置我于何地，你这不是害我么？林翘是什么人？你又不是不知道，人家是腕！你得罪得起吗？你这写过的小说还敢拿来给我，你居心何在啊？你不是故意让林翘和强子难堪么？到时人家读者说林翘抄袭强子，帐又算不到你头上，你阴险啊你，你图什么呢？……”

林翘和强子都是当红主持，也都是陈谏合作的客户。

“也许是写串了，黄霄，不好意思，我真的太累了。我改，我这两天返工下，一定来得及。”陈谏诚恳地说。他硬撑着坐了起来，眯缝着眼，窗外一轮皓月，伴着灰得发白的雾气，隔岸观火般漠然。

“你得了吧，装什么孙子。你自己知道，我们给你的钱，比行价可是要高的，你怎么办事的？这事还不是我发现的，是林翘那边发现的，现在我也很难混啊，你这不是坑我么？我又不像你，还有老婆孩子，孩子还在上学，我以后怎么混呢我。”

“对不起，对不起。”陈谏连连赔不是。这还是他职业生涯中头一回被训斥。

“现在这样，后天前，《金枝》一篇，帮《你是我的幸福吗？》一篇，你先返工，明天12点前的那篇照交。钱我先不给你打了，等你全部写完，我们审下来完全没有重复的时候再帮你结，你好自为之。”

黄霄利落地挂了电话，没有给他丝毫的余地回应。

四

今天又睡不成了，陈谏沮丧地想。天色渐已蒙蒙亮。他打开电脑，键盘又开始跳动，小方格上的字母已被手指磨得看不清晰。

他在文档中找到了之前帮强子写的稿子，狐疑地想，怎么可能会雷同呢？他仔细地将之与新的小说作了对比，才发现原来是语言问题。口气与词汇上，到底是一个人写的，多少还是看得出来的，这才犯了大忌。主要是因为强子的书卖的太好，陈谏家楼下的黄鱼车上都有卖，因而林翘那边也许有人读过，所以极容易辨认。

作为一个枪手，最高的德性不仅是彻底的忘我，同时还要塑造无数个不同的他。且“他们”之间，决不能有丝毫的牵连，就像真是不同人写的那样。

天色一点点亮了起来，屋内外开始有了温差。这是陈谏的体质所不适应的变化，每到寒秋时节，陈谏的身体和心情总是最为糟糕的。他的鼻子痒痒的，口腔疼得好似溃烂了一般，肚子照常开始咕咕乱叫。它们是多么天然，循着正常的规律，与他的心境、他的情感毫不亲昵。

陈谏已无暇料理这些了，他不得不继续着自己无望的写作，丝毫不得歇。这是真正意义上的大众写作，在每个夜里，陈谏相信许许多多人都从事着与他相似的职业，坚持着与他相似的坚持。他们与那些高级的研讨会无缘、与那些热闹的签名会无缘，他们甚至都见不到自己为之代笔的明星大腕们。他们是一群看不见的人，密密麻麻、前赴后继。他们出卖自己的文字、自尊，甚而包括正常的青春。但陈谏的写作至少是独立的，他至少不必像那些团队写作那样，将故事打碎成大纲、情节、语言、冲突、警句等碎片分工合作。他至少不必向别人这样介绍自己：我只是写大纲的，没有语言。

令陈谏没有想到的是，在临截稿还差 2000 字的时候，陈谏突然又接到了黄霄的电话。他的口气却仿佛

完全变了一个人。他说林翘看了这小说，觉得挺不错的，但是不像是个女生写的。所以，她还是打算以采访稿加写真的方式做书。这是临时决定的，上午出版社讨论下来，觉得也行，摄影师都联系好了。钱还是会打给他的，但是稿不用继续写了，下次再合作吧。

写真？陈谏觉得挺有意思。或者，她还可以附着出张专辑，找个人代唱下。美女主持出书，总是比较好操作。

一鼓作气、却刹那松懈下来，陈谏还真有些不习惯。他洗了把脸，吃了点东西。许多天都白忙了，虽然钱还是收得到的，这样就好。陈谏心想，没有用到的故事，往后还可以卖给强子，反正他的经纪人已经

在和陈谏商量第二本书的策划了。

这样想来，他也没什么大损失。

陈谏打开电视，电视里正在放《蜡笔小新》，小新的幼儿园同学画了副漂亮的富士山远景图，小新嘟囔着嘴，若有所思，说：我觉得你这幅画，没有感情色彩。同学问，那么怎样可以有感情色彩呢？小新把画接过来，用黑色的蜡笔，在画上签上了自己的名字。

陈谏哈哈大笑，觉着太有意思了。但是更令他高兴的是，他终于可以无牵无挂地睡上一觉了，在下一单活计来临之前。

太阳升起来了，一切仿佛都向着好的、光明的方向演变。它与肃杀的秋风，恍若两个世界的风景。温暖不是陈谏的，也不是很多人的。大部分人都只是背阴面的颤然树叶，只消一阵看来也不那么强大的风，就能断送它灵与肉都疲惫不堪的生存。

当然他还在坚持，将自己彻底地忘了，也许一切看起来就能不至于太艰难。

END

《独立寒秋》幕后

一稿定胜负

◎艾米张自己说灵感

写这个小说，源于我曾经直接或间接地当过枪手的经历。其实我对这个行业并不了解，应该做到什么度，写到多精致，或是多粗糙便可以通过，我心里毫无概念。但我有一天突然明白过来，糟糕的是这件事本身。

我只能说，比起写作来说，生活更令人无奈。它在催逼写作的同时，也催逼这人们不够刚强的内心。囿于生计、人际，或是别的复杂的原因，你总会去做一些糟糕的事。而写作，和任何事业，我常常对别人这么说，只有在它不被当作支点的时候，才会是自由的。

还是希望大家能够尊重自己的笔吧。人生中的有些经历使我无法原谅自己。但我唯一能够做的，就是以后不再重复这些错误。

◎编辑说技巧

如果你看过很多的小说，而且不是单纯的那种小女生小说，你就会发现本文已然做到了太极拳要求的那种“浑圆”的境界，几乎滴水不漏，技巧和语言都很成熟。想当年艾米张在新概念大赛里拔得头筹，然后一直在萌芽上发文，此后又在《小说界》、《上海文学》这样的地方发表了短篇。对于她的文字，小饭老师有句很好的点评——“张怡微这小姑娘，太聪明了。”（不是赞叹的感叹号那种语气，而是冷静的描述口吻）。“太聪明了”是贬是褒，大概只有小饭老师自己才知道。对于读者来说，看艾米张的小说，更重要的是观摩一下她讲故事的节奏和语气。

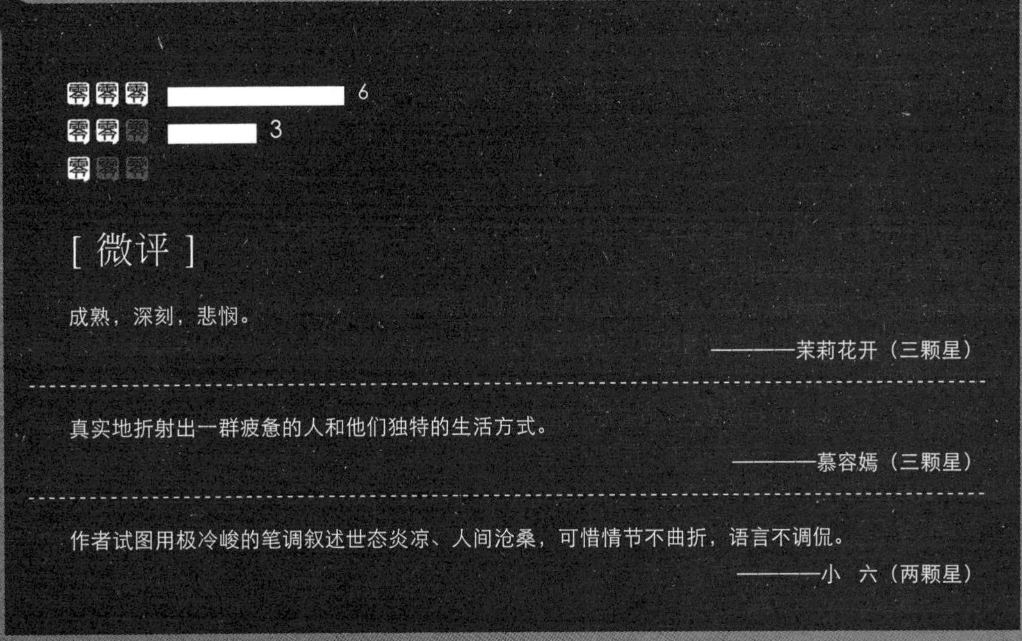

Name: 刘小禄

刘小禄，网络语录大王，文坛小混混，自称是一只还未压到五指山下的孙猴子。

Novel Department.05

最后的小霸王。

Text by 刘小禄

Illust. by 土 土

1.白鸽

小霸王是在1998年11月3号被执行枪决的，在火葬场。那天炼人炉大烟囱上面的天空不算很晴朗，有点阴森。

据说枪声响起的一瞬间，大烟囱里飞出一只白鸽。

有人说这只鸽子象征了小霸王江湖人生的和平结束；有人说是代表了小霸王短短二十四年人生的白色结局；也有人说这是对小霸王坎坷成名后的一种概述；甚至有人说白鸽是小霸王的化身。尽管说法众多，但最贴近真实的描述应该是这样的：

1998年11月的3号，入冬，天冷。一只白鸽躲在火化炉的烟囱中暖身子。突然一记枪声传入鸽子耳朵，鸽惊，飞。

事实就这么简单。

“人活一世，现实点好”。这是小霸王对我说过的话。

小霸王是在他儿子满月的欢庆酒席上被抓的。当时我作为去帮忙的小弟就站在不远处，正端着香槟往几个酒桌上去送。武警冲进来时大家毫无准备，目瞪口呆地看着武警把小霸王按在了桌子上。

我清晰地记得他的头被武警按在酒桌上，他用力地抬起头，朝着他身旁的妈妈和她怀抱中的儿子望去。他看见了被吓得哇哇大哭的儿子。然后他就笑了，还朝着母亲使劲喊了句什么。当时周围很嘈杂，孩子和女人的哭声夹杂着桌椅板凳砸在地上的撞击声，又加上武警“都抱头蹲下”的呵斥，四周一片混乱，导致我没听清小霸王喊的什么，只是看见了他的笑，那让我无法理解的尴尬的笑。

2.小弟

多年后，我和一个叫瘸子的兄弟喝着酒闲聊。聊到小霸王被抓时，瘸子告诉我说，他当时就坐在小霸王母亲的身后，他听见了小霸王的呼喊，喊的是“妈，孩子吓哭了，你快抱他回屋”。瘸子说完，我们都哽住了，许久没有说出一句话，然后连干了十几杯扎啤。

那天我和瘸子都醉了。回去的路上我们互相搀扶，一边晃晃悠悠地走一边唱歌。当时我一次次拉起摔倒在地的瘸子喊：起来，起来，不愿做奴隶的人们。后来我们唱着唱着就唱跑调了，改成在大街上一起乱叫。乱叫完了我们还不痛快，还要朝着路人撒尿。那会儿已经是深夜了，一个人也没有尿到，倒是互相喷了对方一身。

这就是小霸王带给我们的感动，一种能让人把尿尿一身的感动。

小霸王被抓，是被一个人给出卖了，是小霸王的一个小弟，一个实打实的小人物。大人物到头来毁在一个小人物手里，不是讽刺，是现实。

在小霸王被抓之前，他其实已经蹲了半年的监狱。在这半年里，混混火拼都和他没有直接关系。我之所以这样说，是替小霸王喊冤。因为这半年的火拼双方差不多都是他的小弟们。在警察眼里，这可怎么管？只能找小霸王来处置。

这就是手下小弟太多的无奈，不仅难以推脱众多责任，还得主动承担很多罪责。为这个，在小霸王潜伏的这半年里有无数场极为惨烈的打斗都被算在了他的头上。这和小霸王的死没有直接的关系，却是小霸王死亡的导火索。

小霸王后来和我说，身为一个混混，千万不要有太多的小弟。混社会就像排多米诺骨牌，小弟就是里面的牌，小弟越多牌就越多，牌越多危险就越多。越生疏的小弟越危险，因为别看他排在最后，但是他一个牌倒下去，全盘皆输。

这是小霸王在得知被小弟出卖后的原话。

小霸王还说，我从来没有觉得整天拿着刀在街上砍人是件牛逼的事情，反倒是件很傻逼的事情。

这是他在去刑场的路上对一个武警说的。

3.入狱

人怕出名猪怕肥，甭管你是肥猪还是名人，只要应了这句话，非吃亏不可。小霸王吃的就是这个亏。在他死前大半年的某一天，他突然间被立案调查了，原因是：他的手下杀了人。

看这句话，“他的手下杀了人”，人不是小霸王杀的，是他下面的人杀的。

小霸王有个装饰公司，叫“金碧辉煌”。公司的一个哥们拿了工资后到一肉店买猪肉。买回家后，他发现猪肉被注过水。哥们愤怒了，冲回肉店，操起肉板上的杀猪刀，一刀捅进肉店老板的脖子。

这次杀人本来怪不到小霸王头上，要怪顶多怪他当初招聘看走了眼，聘用了一个性格暴烈的杀人犯，或者怪他发工资发得太及时，要是拖欠几天，或许这员工没钱就不会去买猪肉，或者过几天再买，肉也许就不会被注水，肉店老板也就不会被杀。

但事情就这样很操蛋地发生了。

杀人的哥们更操蛋，居然悄无声息地跑路了。

小霸王的手下都是些小混混，他从来不问他们的名字，记账也只记他们的外号。而且小霸王的装饰公司是靠暴力取得进账的，说白了都是些糊涂账。

糊涂账加外号，怎么查？无可奈何的公安干警只好从小霸王下手。

小霸王就这样被调查了。没过多久，他公司的账目被查出了猫腻。小霸王就此因为经济犯罪入狱半年。

时至今日，没人说过杀人的那个凶手到底在哪儿到底是谁，只知道这人外号叫“小华强”。听说此人现在依然惶恐地活着，活在世界的某个角落，成了乞丐。

这是小霸王有生之年第一次因为自己手下的兄弟而入狱，但人生能有几个第一次？小霸王第一次没有知道自己错了，当第二次到来的时候，他倒是知错了，但法律已不再给他改的机会。

第二次直接要了他的命。

4.困兽

监狱里的半年虽然不长，但让小霸王很恼火，他觉得栽在自己人的手里实在没脸。自己手里的这个多米诺骨牌倒得太不是时候了，倒就倒吧，还倒没了，真是可恶。小霸王知道自己的老婆就要生了，日益大起的肚子已经承担不起一个家庭的重担。

现实就是如此残酷，小霸王必须为自己属下犯下的罪过承担另一种现实——劳改。

这半年中，我不止一次偷偷跑去探视他，给他送吃送喝的。他在里面的样子还是那样，看见我依然快快乐乐，好像他经过多年的混战，早已习惯了蹲监狱。他的爸妈一直没去看过他，我从他爸爸无奈的表情中感觉到，他累了，管不了年轻人这些事了。

小霸王的爸虽然哀伤，但他儿子还是快乐的。我去看他的时候，小霸王还跟我笑着扯淡，说是自从他进了监狱，来看他的小弟络绎不绝前脚踏后脚的，小弟们带的吃喝多，没一个月，他和他一个牢房的哥们都肥了一圈。

和我说这些时他笑得很灿烂，只是我不知道他是不是对别人也这样笑。

笑归笑，他和我说得最多的是渴望，他说：真渴望和你嫂子过上正常的生活，但大哥没有办法，拴在我身上的关系太多，我无法摆脱。

我统计过，这次半年的入狱在小霸王一生中的监狱生涯排名第五。前四次一年两年甚至几个月。我说的是他的入狱，就是正式被判刑的次数。至于他进了多少次派出所，我就记不清了，大概无数次。

小霸王就那么看似开心地劳改着。他的老婆李莹每天就挺着个大肚子在家里走来走去，等着自己的男人出狱回家。

小霸王出狱那天是1998年的7月初，距离他被枪决还有三个多月。

5.白狼

小霸王被接回家后，做的第一件事情就是听兄弟介绍这半年里混混们中所发生的一切。他特意询问了一个人在这半年里的所作所为。

这个人叫白狼，是夜总会“维也纳”的一个保安。大家不要一听保安就觉得这人寒酸，事实并非如此。白狼在没死之前的半年里，绝对可以称得上是混混里面的老大之一。

我常被小霸王带着去维也纳夜总会玩儿，那是小霸王的王高乐土，他隔三岔五就去玩一宿，也是在那里认识他后来的老婆李莹。

每次去维也纳玩儿，都会在门口看见白狼在翻客人的口袋。白狼留给我最深刻的记忆是，一次我看见他从一个十六七岁的男孩口袋里搜出了一个避孕套。白狼拿着避孕套朝男孩摇了摇，然后对着面前叼着烟卷不以为然的小男孩就是一巴掌。话说那一巴掌打得真狠，声音很响亮。那男孩被扇倒在地，一脸不知所以地看了眼前的白狼一会儿，嘴角和鼻孔开始流血，然后大哭起来。本以为白狼也理应善罢甘休了，但他还指着那男孩的鼻子骂人家没出息不学好。远远望去，像极了一个父亲在批评自己犯了错误的孩子。

想起白狼那一巴掌，我不知感叹他当时是路见不平的好汉，还是没事找事的坏蛋。只感叹，他早已经做了一堆骨灰，灰飞烟灭，烟消云散。

那会儿进维也纳夜总会玩乐是要被翻身的，当然小霸王没有这个待遇，也没人敢给他这待遇。听小霸王说过，翻身是因为里面混混太多太杂，怕有人带刀带枪的进去寻仇。

当时我还不了解白狼的底细，曾问小霸王：人家都带刀了还怕门口这个小保安呀?

小霸王当时笑了笑，回答道：他们不是怕这个保安，他们怕的是死。

能让他们死的，就是这个保安。

6.阴谋

白狼不高，但肌肉发达，一直理一个几毫米的板寸，脖子上挂一条老土的黄链，也不知道是不是金的。最引人注目的是他的胸膛上纹着白色狼头。如果你走近了看他的狼头，会发现笔触和线条都十分的粗劣，再仔细一点看，又会发现这狼头和狗头没什么大区别。即便如此，白狼还是每天都敞开着怀在大街上走来走去，像个得意的模特。

因为小霸王，我见过白狼数次。他仿佛也认识了我。每次我去维也纳，白狼不仅不搜我的身，还朝我笑。每次他朝我笑我都很害怕。我不是怕他，我是怕他胸口半狼半狗的头，还有，就是怕他从我的口袋里搜出避孕套。

白狼喜欢穿裸露胸膛的衣服，皮肤在阳光的普照下和周围的皮肤有了黑白之分，总能让人看见那个让人恐惧的破狼头。

当时的白狼很风光，虽然在混混里还算不上大人物，可名声在外。白狼是很不安于现状的，他那会儿虽然对小霸王表面上很尊重很友好，但背地里一直在招兵买马，想跟小霸王对着干。那个年月，真敢放出话来想和小霸王作对的一个都没有，即便是背地里想的也寥寥无几。那是小霸王最风光的时候，他整合了几乎全市所有的混混，已经是当之无愧的老大。但白狼是另类，他有亡命徒的性情，他并不怕小霸王，因为他连死都不怕。

可惜的是，即便白狼那时的志向那样远大，但名气依然上不去。原因很简单，没人敢跟他冒险。白狼毕竟不是狼，他是人。他要想在混混群里站住脚，必须要有人追捧。孤独的狼是难成气候的，只有懂得群体作战的狼才会成为狼王。

7.出狱

白狼的算盘没有被小霸王发现，他知道自己的斤两，知道和小霸王挑明想法的后果是多么可怕。在对付小霸王方面，说实话我真的有点佩服白狼，真有点狼的血性，会像狼一样耐心等一个机会，一等就是几年。

忍受与智谋，这就是狼道。

时机就是小霸王的半年牢狱之灾。没有小霸王的混混们是不团结的，他们虚弱得不堪一击。由于小霸王的入狱，有的人退出了，有的人想叛变，有的人则想夺权。

很快，争斗开始慢慢地覆盖掉混混的平静生活。平静的生活对混混来说本来就是无比痛苦的。因为当混混就是为了找刺激。老大在时不敢惹事儿，老大被关了还不敢吗？他们开始为一些鸡毛蒜皮的小事动刀。刀子一出手，后果就开始变得很严重。

白狼很聪明，他看准了时机，带人暴打小霸王早已胆怯的手下，造成小霸王多位兄弟的伤残。这让小霸王的手下更加惶恐，纷纷投靠白狼。就在白狼刚要开始享受成果的时候，小霸王出狱了。

出狱后的小霸王第一时间要做的就是摸清白狼的底细。看着自己的众兄弟被白狼收拾的可怜样时，他愤怒得快要爆炸了。小霸王的计划很简单，就是召集尽量多剩余的兄弟去和白狼火拼。目的只有一个：让白狼知道小霸王回来了。

小霸王最先找到的是一个叫高宝的人。高宝是小霸王以前一个比较要好的兄弟，他认识当时几乎所有的混混，人脉很广。小霸王找到他，给他布置了任务，去打探白狼动静的同时放出风声，说小霸王要找白狼谈谈。

这里所说的谈谈，不是喝茶聊天，而是各自召集人马带好家伙，在约定的场合群斗一场，胜者王，败者寇。

8.叛徒

第一次火拼是在一个废旧的砖窑里，远离市区，僻静无人，很安全。

那天深夜白狼和小霸王各自带着一帮人汇集到了砖窑里，大约有百十号人。砖窑不大，不少没什么名的小混子被派遣在门口望风。

小霸王那晚记住了一个叛徒的名字，他叫高宝。

高宝叛变了，他就那么丑陋地站在白狼身后，手持一把开山刀漠然地冷笑着。

小霸王抄起家伙就抡了过去。一瞬间，一百多号人冲到了一起。

就在大家混战为一团的时候，望风的几个人突然冲进了砖窑，大喊：警察来了！快跑！

第一次火拼就那么狼狈地结束了，没人知道为什么那天会有警察出现在砖窑附近。后来我才知道混混中除了高宝这个叛徒，还有另一个不为人知的叛徒，是他报了警。

事后的五天中，小霸王消失了，没有人知道他在这五天中干了些什么，也许他什么都没干，只是不想再蹲监狱而已。

第五天的时候，小霸王出现了。然后他制造了瓦窑的第二场混战。

那场混战现在想想都极其可怕，它致使六人重度伤残，一人死亡，几十人轻伤。数百人拿着砍刀乱砍乱叫的画面，至今还残留在某些瓦窑工的记忆深处。

混战发生在第五天的凌晨，当时小霸王发出开打信号，然后猛地冲到了白狼的面前，从后腰掏出了一把匕首，狠狠的插进了白狼的脖子。

对，一个人死亡，他叫白狼。

9.审判

白狼死后的第二天，小霸王再次消失。没过多久全市的大街小巷都贴满了通缉令，上面贴着小霸王的相片，照片下面写着：政府奖励提供杀人犯线索者，最高两万。

小霸王藏在了郊区，足不出户，但时刻打听警察的动静，就像一只正被猫捉拿的耗子，缩头缩脑，战战兢兢。躲藏的生活是痛苦的，不过痛苦很快就结束在一位无辜者的无意之间。

无辜者叫铜头，是一个小到不能再小的小混混。一天，铜头突然被小霸王属下带到了他面前，然后猛地跪倒在小霸王面前，恳求小霸王收他做小弟。他的原因很简单，现在小霸王是全市名副其实的老大，他要拜他当大哥。

小霸王当时正在兄弟家避难，足不出户的单调生活让他极不自在，这突然出现的崇拜者让他感到一丝宽慰，心情随之变得好了起来。心情一好，他便收下了铜头。

这时还没有人知道，铜头有个要好的兄弟叫高宝。

在小霸王躲藏的这段时间中，小霸王的女人李莹生了，是个男孩。孩子很可爱，但他出生的时候，他爸爸还躲在一个见不得人的地方。

一个月后孩子满月，小霸王偷偷去见自己的孩子，然后狼狈落网。

出卖小霸王的是高宝。他在和铜头喝酒时，听铜头讲，已经拜大哥了，而且这个大哥是白狼死后当之无愧的大哥，他是小霸王。

铜头还说：我大哥说了，他要请我去喝他儿子的满月酒。哈哈。

高宝害怕了，他知道自己是个什么货色，知道自己过不了多久就会收到小霸王的罚单。在喝完酒沮丧回家的时候，他看见了街上贴着的通缉令，便会心地笑了，然后朝派出所的方向屁颠屁颠跑去。

当小霸王被特警按在酒桌上时，高宝正在家里数着奖金，但他的快乐没有持续多长久。就在他快要点完最后一张钞票的时候，一帮手持砍刀的人冲进了他的卧室。

在刀客散去时，高宝满身鲜血地躺在了钞票中间。

10.行刑当天（1）

小霸王被枪决这一天，是个大晴天。

一早我赶到小霸王家，他爸正坐在院子里抽烟，脑袋上落了轻轻一层晨露。我知道这个男人整整一夜没睡。他在等，等着送他的大儿子上路。白发人送黑发人。

院子里有几只早起的麻雀，在他身旁跳来跳去，有几只胆大的还时不时叽叽喳喳叫上两声。男人还是纹丝不动，呆呆地坐着，仿佛一尊苍老枯槁的雕塑。

大娘呢？我朝着他问。

买烧纸去了。他回头看我，沙哑地说。

哦……您吃过饭了？

今天不吃了，吃不下去。他说着，我转身看见他抹了一把眼泪，然后一脸悲痛地坐在里屋门前的阶梯上，看着眼前零散的几只小麻雀，飞起飞落，痛彻心扉。

在我的记忆深处，当时所有的鸟儿都是麻雀。因为，整个世界都是黑白色。

没过多久，小霸王他妈抱着一大包的烧纸就回家了。我看见烧纸上湿漉漉的。我知道那不是露水，是眼泪。

一直拒绝去见小霸王最后一面的李莹那天也到了他家。她抱着孩子，把自己包得很严实。她见到婆婆后，大声哭了起来。两个女人哭泣的声音充满了我的记忆。

哭声中，李莹抱着婆婆说道：妈，我想去看看他，宝宝也想去看看爸爸。

那天中午的公判大会，小霸王的父母都没有去参加。多年后他爸告诉我。他们之所以没有去看是因为害怕，害怕批斗人的场面。他还说，那天的公判大会在他们眼里，其实就是一场批斗会。

11.行刑当天（2）

我去看了公判大会，陪着李莹，还有刚刚出世不久的小婴儿。

小霸王的公判大会是上午举行的，一同公审的还有九个人。

来看公判大会的人很多，有大人有孩子，还有就是一些面色衰败的老人，里面就有被公审犯人的父母亲。他们看着自己将死的孩子，也许已经什么都不想了，心早已平静如冰。

我和李莹抱着孩子到达会场的时候，人已经站得满满当当。我只能领着李莹硬生生地朝着公审台子挤过去。李莹怀里的宝宝被挤哭了，吵到了忙着看热闹的人们，他们不情愿地让开，边让边低声斥责李莹说，抱着个孩子还这么能挤，真爱看热闹。

终于，我和李莹挤到了人群的最前头。望着一排排的武警，我转脸看向李莹。她一声不吭地站着，一脸严肃。我不知道她当时在想些什么，只是觉得她很可怜，像个寡妇。

当时，李莹怀里的孩子已经不哭了，而且好像已经快要睡着。我翘起脚尖去看，只见他眯着小眼睛，撅着小嘴巴，仿佛对我们眼前冷酷的场景毫不知情。

我站在人群中间不时地四下张望。人很多很多，都一脸的期待。他们在等什么呢？我看到了面色冷酷的武警，他们的冷峻表情让我有些害怕。

大约等了半个小时，公判大会开始了。一个领导模样的警官说了一声“现在开始”，犯人被一个个押上了台。整个会场顿时安静了下来。

小霸王是第七个被押上台子的。和其他人一样，他手上脚上都戴着重重的镣铐，还互相连着。犯人脖子上还用一条细绳捆绑着，两端被扯在武警的手里。镣铐加上绳索，这让小霸王走起路来很费劲。我看见小霸王一脸落魄的表情。

脚镣的"哗啦"声从台上传来。李莹一动不动地站着，仍旧是一脸的严肃。站在我们身旁不远的几个妇人开始抽泣。

难道犯人里面也有她们的丈夫吗?

小霸王安静地跪在刑场的一角，一动不动。当时在他身旁不远的另一个死刑犯由于过度紧张突然趴倒在地上，口吐白沫，抽搐起来。那一刻，所有的犯人都扭头看这个怯场的犯人。有的笑了，有的哭了，有的开始颤抖。小霸王依旧是一动都没有动，直到身后的枪声响起。

伴随着枪声一同响起的还有小霸王妈妈的哭声。哭声里，整个世界突然间变得那么凄凉，那么安静。小霸王的妈妈由于过度的哀号而瘫坐在地，小儿子则一动不动地抱着这个年近花甲的老人，一声都不吭。只是一个劲儿地用手抚摸母亲的白发，像在慰抚一个虚弱的病人。

前去收尸的是小霸王的几个叔叔，他的爸爸始终都没有露面。

12.最后，最后

在小霸王下葬的当天，人们看见了这个一夜苍老的父亲。

当时他蹲在坟坑的边上，伸手抚摸着就要掩埋的小霸王的骨灰盒，一声不吭地抽着烟。而站在一边负责掩埋的我分明看见，这位父亲的眼角有枯萎的泪痕。

终于，随着尘土慢慢覆盖在骨灰盒上，所有的一切悲伤被缓缓下葬。

END

《最后的小霸王》幕后

有的人，生活比小说更精彩

刘小禄，原名刘禄，男，山东人，降生于八七年腊月。落世时没有电闪雷鸣，未见飞禽走兽，更无流星陨落。一切同寒冬一样冷静，万事如荒村一般平和。

父母外加八倍祖宗出身皆为贫农，绝对根红苗正。幼时智力颇弱，且胆小至常恐苦胆从毛孔掉出，不曾干过什么伤天害理的事。六岁那年，因体力扭不过父亲臂力，被迫遣入学堂。从此，心有不甘之余随老师学习长大如何建设祖国。顺理成章地由一个正常人成为一束八九点钟的植物，又称：祖国花朵。加上吃喝拉撒睡罚站抄作业的时间，连续接受了十一年将素质放在试卷上的具有中国特色的在校教育。

小学时代，因文笔幽默生动、严肃活泼、全面谨慎、感人至深等诸多优势，受到高年级流氓同学的青睐，为众犯错分子写检讨无数。一度让学校的政教处老师觉得：我校流氓中不久将至少出现一个文坛奇才。

初中时代，连续数次拿下校语文作文最高分和数学最低分。曾在英语课上苦练中文来抵制欧美文化的入侵。为此，受到英语老师的体罚，并被要求手持所写文章站在教室外示众。期间被校长看见，审阅完后，校长严肃批评了英语老师，并在众老师面前对刘小禄表示佩服。此校长为语文老师。

高一时代，因情书写得太过感人，屡战屡胜，而受到学校情敌的殴打，因复仇后坠入打架惯犯的行列，并很快凭借极强的文学修养而迅速跻身于校园混子前几名，成为当时当之无愧的文学痞子。

高二期间，刘小禄因上厕所都不忘发扬路见不平拔刀相助的光荣传统，在学校厕所一个隐蔽的角落，将一位正在猥亵同班女生的流氓暴打一顿，致使其门牙脱落两颗，脸部擦伤若干平方，鼻孔血液流出数升。事后，此流氓恼羞成怒，跑开去寻其大哥，扬言要灭掉刘小禄。

次日中午，此流氓召集数人将刘小禄报复。刘小禄虽寡不敌众，仍身中数伤而不屈，逮住小流氓一人狂揍不止，直至其休克昏厥。最后，120 呼啸而至，带走了小流氓，也带走了刘小禄的学业。这件事让刘小禄受到了学校处分，原因是聚众闹事，影响学校的教学秩序。刘小禄争辩说，我就一个人，没法聚众闹事，众是他们聚的，我也是受害者。班主任回复说，被打的小流氓的父亲是市某副局长。

学校处分刘小禄分的同时，还要罚刘小禄爸爸的款。刘小禄深知自己是穷人家的孩子，自己的爸爸又不是市某正局长，恨自己不该给学校领导惹如此麻烦之麻烦。检讨之余，刘小禄忍痛要求老师把罚款的价格降低或打折，当然遭到拒绝。随后，刘小禄爸爸被学校领导电话召到学校。他爸爸想弄清罚款缘由，多问了几句，结果却遭到校领导的大声斥责。父亲也是男人，忍耐有度，最终震怒，大手一拍桌子，骂：除了会罚款，你们还会干什么！？就此，罚款事情谈崩。

随后，父亲找到刘小禄，父子俩一同蹲坐于教学楼下，他不忘点上一支烟，吞吐道：你还想上吗？想上老子就去给你把罚款交上。刘小禄一脸迷茫与愧疚，低头回答：你也不富裕，算了吧。父亲又猛吸一口烟，摸摸刘小禄的头，说道：那好，回家。就这般，刘小禄退学归家。后来，班主任来电话，说学校已经不再追究罚款事项，毕业考试就要到了，可返校继续诵读，被刘小禄婉拒。

退学后，刘小禄在家挣扎一年，看了家中所有的闲书，直至摆脱未成年人保护法的保护。随后在社会中挣扎。期间下过食堂，干过工厂，当过技术员，梦过抢银行。混沌生活一如既往，没头没尾，仿佛看情况就要源远流长。刘小禄不甘心空余时间在闲扯中逝去，开始执笔书写语录。写过去的往事，写现在的心情，写世界上的是是非非。写成后，刘小禄看着语录，赞叹不已，觉得非正常人能够企及。兴奋中，刘小禄警觉如此好文不能一人独赏，应该奉献给大家一同享用。于是，刘小禄把语录集结成帖，一贴十条数十条的发布在网络之上。如刘小禄所料，这一发不可收拾。不几日，语录竟开始在网络中被广泛转载，一时间风生水起，难以形容。

就这样，刘小禄开始觉得自己能写点东西。不过那时的刘小禄虽有文才，但仍同没有戴上紧箍咒的孙猴子一般，文笔怪异，字句错乱，毫无章法。因此，一度不敢让自己真的向文学发展。茫然之余，语录依旧层出不穷，发的网站也多了起来。这时候一个叫新创作网的网站被刘小禄发现，于是本着来者不惧惧者不来的处事原则，义无反顾地进去发帖，并开始在里面大闹天宫。

一闹，就闹到了现在！某日，顿感生命流逝之快，开始写一个叫做《我不是小混混》的小说，以纪念那些流逝的青春往事。

零零零 3
零零 6
零

[微评]

《黄金时代》式的叙述，为这小说加了半颗星的分

———刘 刚（三颗星）

白发人送黑发人的凄凉作者处理得当，用倒叙手法来叙述这个故事手法娴熟，语言风格自然切合内容。

———慕容嫣（三颗星）

主人公从名字到性格都有点类型化。没再多给一颗星的原因是不太适合女生。

———小 六（两颗星）

Name: 刘媛

生于武汉的摩羯座女子，就读于复旦大学汉语言文学专业。酷爱纯色调，喜欢的作家是阿城、萧红、卞之琳、张承志。目前担任《Zer零》一番队的策划和采访编辑，并专攻“创意类”项目。因为经常动脑，很怕有朝一日成为复旦大学历史上第一个白发魔女。

肆
Novel Department.04

伊丽莎 白。

Text by 刘媛
Photo by 树小喵

■ 故事之前

那年我才二十岁。就像其他二十岁的姑娘一样，生活里百分之九十是平静，但剩下的百分之十却让人操心。所有的稀奇古怪、离经叛道、无可救药都因为这百分之十。青春流逝之后，多数人会将那百分之九十变成百分之百，却仍有一些人选择将百分之十占据整个人生。

我一直很清楚自己的选择，直到遇见她，伊丽莎。

我记不起何时与伊丽莎熟悉起来。只记得黄昏的校园餐厅里，端着餐盘的人来来往往，带来浓浓烟火气。葱花味儿、蒜味儿、卤牛肉的味儿、油炸排条的味儿，一阵一阵问候我的鼻息。我坐在一张白色圆桌边，小圆桌摆在角落里，靠近装饰着藤蔓植物的落地窗，十分写意。但对于两个陌生人，同在这样写意的餐桌上吃饭，难免窘迫。所以，即使当时餐厅人满为患，几乎找不到座位，却没有人坐在我对面。如果你恰好遇见那时的我，一定会想，这年轻的女孩大概是等谁，但其实，我心中并无期待。

如果硬说有什么期待，也是事后才有的。如果那天我没有坐在那圆桌边，或许永远就不会遇上她了。不过，每次去图书馆自习，我都会去对面的餐厅吃晚饭，我和伊丽莎终归有许多相遇的机会，于是我们的相遇便有些理所当然了，以至我已分不清那固定时间固定地点的晚餐，究竟是习惯使然，还是我与伊丽莎之间的约定。想到这里，我甚至开始怀疑，那个傍晚，是我们第一次相遇吗？

唯一确定的是，那个傍晚，我们曾共进晚餐，而今回忆，依旧美妙无比。

“这里没有人吗？”

“没有人。”我没有抬头，平淡地回应。

短暂的沉默。

“我很喜欢这个位置，这张桌子。”女孩坐下，说道。

陌生人的搭讪让我意外，我抬起头，小心地打量：长发披肩，眉眼温顺，嘴角上扬。这样的女孩很难让人有不佳的联想。

“我也很喜欢。”我说。

“是啊，要不我们怎么会遇上呢？”她侧目凝视窗外。

伊丽莎有一双特别的眼睛，不是那种大而水汪汪的杏眼，确切地说，很大，也总有粼粼的东西闪耀，却不会惹来过多赞美，因为人们往往会被某种神秘质素吸引，深陷其中。这种空洞之美，没有人敢说爱，也没有人会轻易说不爱。

我起身告别时，她微笑说道：“明天我们还会在这个小桌子边遇见吗？”

“恩，应该会吧。”

多年之后，我向伊丽莎提起那次初遇，她却一无所知似地问这问那，什么时候、哪个地方、天气如何诸如此类，仿佛那只是我一个人的相遇——她甚至还问我，第二天究竟下雨了没。

“如果第二天没有下雨，你大概也不会来餐厅吃饭，我们也就不会熟悉彼此了，不会像现在这样一起吃饭聊天了。”面对伊丽莎的追问，我总是不厌其烦地回答。

“哦，你看，现在窗外也有雨。”伊丽莎也总是用相似的话回应。

是啊，我们相遇的时候总是雨天，总是在角落里的圆桌边。除此之外，我们几乎没有什么交集。我们忙碌着各自的事，对彼此知之不多，偶尔在餐厅之外的地方遇见，也只是简单的微笑寒暄。

伊丽莎究竟是谁？每当有人要我介绍伊丽莎，我便觉口笨舌拙，最直接也是最敷衍的回应是：她是一名法律系学生。就像所有以专业人士自居的法律系学生一样，伊丽莎会随身携带一两本分量十足的专业书。但与真正的专业人士相比，伊丽莎又绝少翻动它们，学期末的一两个礼拜才心肝宝贝儿似的捧着。这个法律系学生，未免徒有虚名，但也算不上罪大恶极。徒有虚名，不正是大学里所有清高与庸俗的概括。独自一人时，我们还摸着良心说“我什么都知道——一点儿”，但说着说着，就把那“一点儿”尾巴给扔了，说着说着，也就把自己也给骗了。但二十岁上下的时候，我们又提心吊胆，唯恐受他人欺骗。

于是，最初的几次见面，我和伊丽莎还怀抱戒心。一天，伊丽莎提议，以后见面，要带一个故事给对方，作为餐桌上的佐料。临别时候，她还递给我一张写有一串网址的字条，“如果有时间，就去我在网上开的淘宝店看看吧——这可是我的秘密。”说罢，她笑着挥了挥手中红色封面的宪法，仿佛其中有必须保守秘密的法条。

幸亏世上没有这样一条法律，否则伊丽莎的故事，永远只能说给我自己听。

▪ 邮箱情人

“嘿，原来又是你。”

一个似曾相识的声音传来。我抬起头。伊丽莎身后的挂钟刚刚叩过六下。

伊丽莎放下餐盘，撑开明黄色的长柄伞，放到脚边。溅起的水珠偷笑似的叽叽喳喳，但她却紧抿嘴巴，不过眼睛里光彩奕奕，照到什么，什么就透亮，仿佛有一只妙手为她点起了一盏灯。

正当我疑惑之时，一排光亮的桃红色指甲晃过视线。一只信封，飘然而至。信封上有几只被胶水黏着的指纹，莫非就是点亮她眼睛的妙手的痕迹？古怪的不仅是伊丽莎，这封信的发信人一栏居然写着“邮箱情人”。

邮箱情人是什么？

“你肯定很想知道怎么会有一封这么古怪的信。”伊丽莎满心的狡猾被笑声泄露出来，“邮箱情人，其实是在网上出售的一件特别商品。每个买下这件商品的人，会留下他的地址、性别以及喜欢的笔友的性别。在随后的六周里，将收到七封手写的信。”

未等我领悟她闪烁的眼神和句子，伊丽莎继续说道：“信上写的什么旁人不知道，但是店主承诺，在第四封信发出之前，顾客可以要求全额退款，甚至不必支付之前三封信的邮费。”

“难道真有人寂寞到需要七封信来安慰？”我疑惑重重。

“不知道。”伊丽莎凑过脸来，“我倒想问，你有多久没写信了？”

我摇了摇头：“现在已经有了手机和电脑，很少静下心来写信了。”

伊丽莎带着些许骄傲投给我一瞥，侧脸望向窗外。影影绰绰的路人与黄昏，为她抹上暧昧的侧影。我和伊丽莎各自躲藏在阴影中，仿佛很安全。只是，一个墨绿色铁皮怪物的形象趁着走神的片刻钻进了我的脑海，那怪物沉默着，一动不动。不知哪里来的一双小手小心地慢慢地抚过它，冰凉、光滑、滚圆。我终于想起了这怪物的名字。

“不知道邮箱情人知不知道，邮箱也不只是任人把信投进去而已，它还能告诉我们很多事情。”我对伊丽莎说道。

在伊丽莎的记忆里，这是我给她讲的第一个故事，关于邮箱的故事：

小时候，我家门前有一个绿色铁皮怪物。如今已是两个孩子的母亲的表姐，那时还是一位善解人意的少女，她告诉我，它叫邮箱，每个邮箱里都住着天使，天使会趁着夜深人静将邮箱里的信塞进收件人家的房门里。

“我可以和邮箱里的天使说话吗？”我问表姐。

“不行，他会分心的，就算是白天也得整理信件。”

那时，害羞的我没有一个同龄孩子作伴，但整条街上只有我家门前有邮箱，我应该是邮箱天使唯一的朋友。因为门前的邮箱，我以为自己是整条街上最幸福的孩子。

一天下午，如果没记错，是四点四十分，我正在把玩一只玩具表，一个骑自行车的陌生人突然在邮箱边停下，掏出钥匙打开了邮箱的小门，将其中的信统统装进自己的墨绿口袋里。更让我慌张的是，天使恰好不在邮箱里！眼看那人准备离开，我不知哪来的勇气，也爬上自己的小自行车。陌生人对附近的街区很熟悉，骑得飞快，我总是落在他身后。但每遇到一只邮箱，他便停下，我也趁机追上几步。奇怪的是，仿佛计算好似的，以他的车速，邮箱与邮箱之间的距离恰好需要骑 4 分钟。不知追随他走过了多少条街，他突然转过身说："小朋友，我都快下班了，你怎么还不回家吃饭呢？"我偷看了眼手表，这才发现已经五点十八分了！更糟糕的是，当我准备掉头回家时，却发现自己迷路了！眼前是陌生的门牌，脚下是陌生的道路，唯一熟悉的是路边的一只邮箱。

最后是邮箱里的天使带我回家的。

很少有人知道，其实邮箱也是有编号的，否则会将其中的天使弄混吧。当时，我身边的那只邮箱上写着"开箱时间：17：18"，而我家门前的那只邮箱上写着"开箱时间：16：40"。你还记得我之前提到的，陌生人每隔 4 分钟的停留吗？你该猜到我是怎么找回家的吧。

17：18、17：14、17：10……再次看见 16：40 时，我感觉格外亲切。晚上，我将白天的奇遇告诉了表姐。

"那个陌生人是谁呢？"我问。

"他是天使的朋友，是信使。不过，我们一般就叫他邮递员。"表姐说。

"我是天使的朋友，我能做邮递员吗？"

"当然可以，不过要等你长大。"

"多大才叫长大呢？"

"至少十八岁吧。"

"我猜，你现在是邮递员？"伊丽莎笑着问道。

我摇摇头。

"那，你现在还不满十八岁？"伊丽莎的脸上分明写着明知故问。

我笑了笑，继续说道：

"等到我十八岁时，人们似乎已经不那么爱写信了。我家门前曾经光洁的邮箱也因为时光和寂寞的侵蚀面目全非，某个夜晚，它在一阵乒乒乓乓的声音里消失了，亲爱的天使也在那一晚不辞而别。我的理想也不再是做一名邮递员，我离开了家乡，只是偶尔，还会遇到一两只邮箱，藏在被人遗忘的角落里，藏在行人匆匆的繁华路口，它们和当年的 16：40 一模一样，只是其中不再住着我的天使。而我，也不可能循着邮箱上的提示找到家的方向。"

"那你还相信 16：40 的天使吗？"伊丽莎问。

我沉默。伊丽莎侧着脸，似乎正期待着后文，似乎又只是目不转睛地望着窗外出神。

"你看，那是什么？"伊丽莎突然指向窗外。顺着伊丽莎手指的方向，一个穿着墨绿色雨衣男人骑车匆匆路过，他的车筐里有一团阴影，似乎装着什么东西。

"墨绿色自行车，墨绿色口袋，还有墨绿色雨衣，他也是'陌生人'吧？"伊丽莎说罢，转头看了眼墙上的挂钟，"现在是六点十分，邮递员应该每天都会在这个时候经过这个路口。"

我微笑道：

"邮递员大概是最守时的职业之一。"

"你不也很守时吗？每次我来的时候你都在这儿。"伊丽莎说道。

"这不也恰好证明你很准时吗？你每次都是六点钟来。"

"是啊，为什么我们不能做彼此的 18：00 呢？"

我们相视而笑。

多年之后，伊丽莎坐在我对面，就像当初讲述别人的故事般回忆起我和她最初的约定，每一句话都像一面镜子，让我身临其境地与过去的自己相遇，却又不得不感叹时光如梭。只是，这往事的另一个版本，未免太过巧合，又漏洞频出了。

“真得谢谢你，还记得那个故事。”我继续说道，“不过，既然我们是初次相遇，你怎么会对陌生人讲邮箱情人的故事呢？你不是将它看作秘密吗？”

“哎，我也记不得当初相遇的情景了。”伊丽莎拨弄着额上的刘海，若无其事地说道，“只是这些关于物是人非、萍水相逢的故事很适合在今天提起，所以，编进我们相遇的故事里也未尝不可。”

看着伊丽莎如此义正言辞，我差点给凉水噎着。

“那你还记得我们初次相遇的情景吗？”伊丽莎问。

“不就和现在一样吗？就连天气也一样。”

我和伊丽莎侧过脸，落地窗的另一边，一片霏霏阴雨。

“是啊，人生何处不相逢。”伊丽莎露出熟悉的笑容。

这一笑，隔着时光的日子又清晰了。还是回到那天。伊丽莎记忆里的那天。

那天离别时候，伊丽莎想起什么似的，转过明月般的脸，提醒我：“记得去网上看看‘邮箱情人’。”

回到寝室，我掏出随身的记事本，什么东西雪花般飘落，定睛一看，是伊丽莎几天前给我的纸条，写着一串网址，因为揣在兜里，已经磨了边角，模糊了字迹。

“难道这就是‘邮箱情人’？”我暗自思忖，循着字条上的模糊不清的网址，果真进入了一家淘宝店。只是，迎接我的不是温情脉脉的“邮箱情人”，而是“商店里的疯子”！我该如何描述？眼前的这家店铺名字就叫“商店里的疯子”。古怪的店铺名有许多，“商店里的疯子”不足为奇，奇特的是店铺里的商品：朗读者、去掉的逗号、凌晨两点的寂寞、桃子的心……如果可以，你还能买到醉生梦死！

点开最新商品，映入眼帘的竟是“邮箱情人”。

宝贝简介：

你有多久没写信了？

曾经，我们没有手机和电脑，校门口三毛钱一分钟的公话是最奢侈的问候。

我们写信给转学的同学、远方的朋友。甚至凭借杂志交友栏，结交素未谋面的笔友。

女孩子们用倒贴的邮票，作为爱的表白；男孩子们在粉色的信纸上，描着笔画。

你还想收到这样一封信吗？有淡淡的香水味，彩色的信纸和白色的涂改液。

潦草的字迹，讲述着一切不重要的事情。

而唯一重要的是，你知道会有这样一封信，于是，你满怀期待。

因为期待，幸福有了前奏，也就有了回味。

邮箱情人，是件古怪的商品。与爱情无关，只是书信。

拍下商品后，请告诉我，你的性别，还有你喜欢的笔友的性别。

在随后的六周里，你将收到七封手写的信件。

信上会说些什么呢？也许是朋友的问候，也许是淡淡的忧愁，也许是情人的眼泪。

——也许只是一个笑话。

但我承诺，在第四封信发出之前，您可以要求全额退款，甚至不必支付之前三封信的邮费。

不过，您可以免费获得类似服务。

耳朵凑过来，我告诉你：
给你的朋友们写信。
赶快写信吧。记住，不要打电话。

我拖动滚动条，继续往下。

宝贝故事：

几天前，一个陌生的朋友给我发来一封 email：

“我一直想着，等哪天两钻了，即使不能再见他一面，也要写信给他。可是，2 钻的日子快到了，我却越来越害怕给顾客好评，大概是怕那一刻的到来。

如果那班火车没有晚点，我和他就不会遇上了。候车大厅里，我们对座，但在之后的一小时里却始终没有一句交流。只是，他和父母的谈话不时飘到我耳边。他聊起两个月前备战高考的日子，我猜他也十八岁；聊起美国北方小镇的大雪，原来他将去异国求学；聊起柜子里的书和唱片，原来他也喜欢 Rosie Thomas——我就是在这时开始注意他的，显然他也注意到我，他兴致勃勃地说着，眼神不时一亮，飘向我。我以为，是那天穿的裙子太美。

通往检票口的路上，人们拥挤着向前，他却落在父母身后，不急不慢，始终挡在我前面。中途他突然俯身系鞋带，我不得不停下脚步。他抱歉地回头，似乎有话要说，却终究不发一言。他摸了摸背上的包裹，我这才注意起他背上的庞然大物，因为担心旅途辗转遗失，用粗黑的马克笔写着美国的地址。

不知为何，只是不经意的一瞥，那串字符便印在了记忆里。通道的尽头，我们不约而同地看了看手中的票，我向右，不出所料，他往左。也就是那一刻，我才意识到，这就是所谓“一见钟情”。

一见钟情，成了困扰我的秘密。我无法向身边人诉说与他的相遇，他的地址也一直存在我心底。或许，我没有漂洋过海见他的能力，但怎么连给他写一封信的勇气都没有呢？挣扎了很久，最终，我和自己约定，等到 2 钻的那天，如果我还忘不了他的地址，便将关于我的所有情绪用最优美的文字投递给他。

眼看两钻的那天越来越近，我却越来越担心，多年没有写信，我不得不怀疑笔下的文字能否表达出自己的感情。偶然间看到你的店铺，我就被你的文字深深吸引。一个大胆的想法突然占据了我的头脑。伊丽莎白，做我的邮箱情人，好吗？在接下来的日子里，请你每周给我写封信，不是email，是一封手写的信，帮助我重拾手写书信的感觉吧。我会定期给你回信，写出如此温暖文字的你一定不会拒绝。”

如她所愿，我向她承诺，寄去七封手写的信。她也答应了我，七封信之后去寻真正的情人。

最后，祝她幸福。

原来，邮箱情人不仅是书信，还是一段未完待续的美丽故事。而店主伊丽莎白究竟是怎样的女子？关掉页面，我的脑海中浮现无数美妙形象，善良、敏感、慷慨。突然，伊丽莎星子一般的眼睛在我眼前一闪。

“莫非伊丽莎白就是伊丽莎？”

生活的波澜不惊很快淹没了涟漪似的疑惑。但在遗忘了“邮箱情人”后的某天，我却见伊丽莎在小圆桌上展开漂亮的信纸。她奋笔疾书，间或托腮沉思，认真的模样让人感觉陌生，只有那双眼是熟悉的，被明灯照亮的神采仿佛诉说着，我又“恋爱”了。时钟敲响七下，伊丽莎放下疲倦的笔，托起茶杯，举头望向我：“嘿，为什么我写信的时候，你老看着我出神？”

伊丽莎不知道，有天使在祝福每个手写书信的人。

灵魂旅行家

空荡的餐厅里回荡着深深浅浅的钟响，对面的座位依旧无人，整个餐厅的热闹也只剩跑堂小伙子嘴边的曲子。落地窗的另一边，黄昏的雨融进浓浓的夜色里，没有行人，站立的只有一排街灯。淋淋沥沥的雨和长夜不眠的灯，一切，仿佛要陷进永恒里。

雨天。

我似乎已经记不清和伊丽莎见过多少面，也记不清她失过多少约。最近一次遇见她是在什么时候？一天前，十天前，还是一个月前？我只记得是雨天。

伊丽莎来图书馆的时候不多，她不止一次抱怨，这里的菜不合她的胃口，若不是在图书馆看书又恰逢雨天，她是不会来的。我明知这些，可每天傍晚，还是会离开图书馆，来到这餐厅的圆桌边等待，仿佛只有我等待着，她才会来。

只是今天，当我看着无边的雨幕，一个意外的想法闯入脑海：或许，伊丽莎永远都不会来了。

曾许下的约定，不总因此由彼，再也不能践约。

大约两年前，我和一个女孩一同签下了为期四年的租约，但这位室友半年后就因为结交了新男友搬了出去。从此，我只能用越来越多的杂物和偶然的自言自语填补房屋的另一半空缺。隔壁住着一个小个子女孩，拥有苹果一般红而圆润的脸蛋。我和苹果女孩之外，几乎没有人会爬上六楼来，除了清洁员。大概一年前，负责清洁的是一个四十来岁的女人，她全身上下都是瘦小，瘦小的脸、瘦小的肩、瘦小的脚，却又常常把自己裹在一件不太合身的绿格黑底外套里，肥大的袖口里伸出的手也是瘦，却有着有力的关节。这双手每天早晨八点便拖净了走廊又擦亮窗镜。但女人每次离开，都会留下一串瘦小的脚印。因为每月付给她的报酬极少，我往往出于惭愧，悄悄将脚印擦掉。但苹果女却耿耿于怀，甚至投诉到物业。一段时间后，我们果真没有再见那小小的脚印。后来才知，原来那瘦小女人月中因为急症去世了，走廊里再也不会有她那小得不能再小的脚印，没能给她的，那半个月的报酬，也就永远的给不了了。

这串清浅的脚印，总让我想起雪泥鸿爪的典故。

伊丽莎会否像瘦小女子一样，一去不复返，连一串清浅的脚印都不留下？这波西米亚女子就从没掩饰对流浪的向往。

记得我曾对她讲过一个并不高明的故事。

“有一支印第安部落，过着流浪的游牧生活，一生都在路上。不过每走一段，他们都会停下步子。有位探险家跟随这支印第安人深入草原，目睹他们一路的走走停停，他心下疑惑，便去问族中老者。老者说，因为我们走得太快，灵魂便会跟不上自己。停下，是为了等待灵魂赶上来。”

看着伊丽莎一脸的漫不经心，我仓促地给故事结尾。

伊丽莎合上《旅行的艺术》，自顾自地说道：“我曾为了杜拉斯出走恒河畔，却又厌恶了她的风尘？曾为了艳阳出走托斯卡纳，却又厌恶了琐碎人生？曾为了看得见风景的房间，随手关上了通往桃花源的门？总之，我出走的理由轰轰烈烈，离开的借口轻描淡写。”

我笑道：“你刚才没听我的故事，就在脑子里琢磨着小布尔乔亚情调的排比？”

“不，这会是旅行家的墓志铭。那个旅行家就是我！”

伊丽莎总能把自嘲的话说得如此俏皮。

分别时，她艳红的波西米亚长裙扫过我的小羊皮皮鞋，沾染了各地风情的裙摆给了我一抹真诚的吻。雨天里，伊丽莎还固执地穿着长裙，那裙摆甚至不曾沾染一滴污泥，让我艳羡不已。

再次见到伊丽莎，是在酷热漫长的暑假之后。

她的小麦色肌肤竟退回白皙，手中的书换成了《爱情笔记》。聪明的伊丽莎看出我的讶异，红唇弯起，展出一排钢琴似的白键子，底下流出温柔的声音：“这个夏天我参加了一次特别的旅行，你曾经讲过一个有关灵魂的故事，应该最懂这次旅行的意义。”

“六月初的时候我的老毛病又犯了。这病很奇怪，只要长时间站立或行走，双腿便会浮肿，长红疙瘩，只有卧床调养才能康复。专家们会诊也没找到确切病因，只说是体质问题，一旦劳累，便会发作。旅行家竟然生这种病，上天真会开玩笑！不过——”她得意且暧昧地笑了，“虽然不能满世界跑了，但我还是参与了一次名为‘灵魂旅行’的网络旅行。”

见我一脸疑惑，伊丽莎愈发得意：“旅行的方式很简单，只要在网上留下邮箱，再用一句话描述期待的风景，之后，就等待有人寄来符合你描述的照片吧！起先，我并没当回事，但一个星期后，真有人寄来了一张照片。更让我吃惊的，是照片本身。”

说罢，伊丽莎从包里取出一张照片。

“只是一扇看的见风景的大窗——”我接过照片：粉绿色的墙上是一扇大窗，嫩绿的纯色布帘和素淡的纱帘之后是柔顺的青草，草色在最青处与碧色的湖水相接，远处，端庄的塔屹立在黛山上。

“那是一家靠西湖最近的旅店，离河岸仅仅 50 米，却只有几间房看得见风景。这是其中离湖水最近的房间。几年前，我曾在这间房里住过一晚。”她撇撇嘴，指了指照片右下方。“如果我没记错，这就是我到旅店的那天。也就是说，我和拍这张照片的人在那家旅店，不，应该是在那个房间相遇过，只不过他先走一步，而我晚来了一步。”

“这照片——你是不是又在耍什么花招？”面对古灵精怪的女子和让人摸不着头脑的照片，我多了个心眼。

“何必呢。”

“那你在网站上留下了一句什么话？”

“看得见风景的房间。”

“仅此而已？”

“恩，仅此。”伊丽莎抿了口奶茶，继续说道，“我在想，那趟旅行，虽然晚他一步，错过一面之缘，却与他身后的灵魂相遇了——只有灵魂相通的人才能够欣赏同一扇窗里的风景吧。”

伊丽莎虽然换了一身牛奶般的白皮肤，但骨子里鲜活的，还是走在风中的小麦色灵魂。

“你总是给我讲老掉牙的故事，今天我也还你一个。”她撇了撇嘴，继续说道。

“家乡有一处的景观，名为太乙洞，洞里长了许多奇形怪状的石笋。其中有一对石鸟，各在岩洞两壁，间隔十厘米。360 万年前，他们就在那儿了，但据说，每过一百年他们就会向对方靠近一厘米，从未放弃。看过他们的人一定会想，再过十个一百年，这对可歌可泣的鸟儿应该就依偎在一起了吧。”

“故事完了？”我问。

她点头。

“你是意思是，相遇的那一刻，或许要等待很久，却并不意味着它不会到来？”我问。

她又点头。

“你说得轻巧。恐怕只有你会有这样的奇遇吧？”

“我可不相信，你没有心仪的风景，没有难忘的旅行。”伊丽莎微笑地望着我，从手袋里掏出笔纸，在便签上匆匆地写下几行字，递给我，说道：

“如果你也有一片风景，也有一段在心底存放多年的故事，就写下来发给我吧。这是我的邮箱地址，它就是一处中转站，我就是你的邮差，为你的故事寻找另一个主人，然后转发给他。读到你信的那个人，或许和你一样，有一段相同的往事，他就是你灵魂旅行路上的伙伴。”

纸条上写着：

“Email：elizasays@163.com”

伊丽莎拿着《爱情笔记》起身，双眼撇出道别的笑，微笑的末梢长着漂亮的鱼尾，这优雅的鱼尾摇曳着生动的灵魂会游向哪里？对于只是在餐桌边遇见的我，永远是个谜。

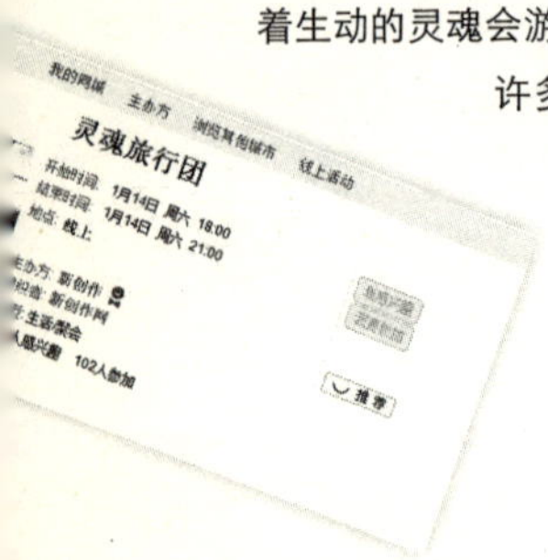

许多年后，我仍旧时常收到盖着各色邮戳的风景画片，迥异的风景背后是相似落款：Marlboro。这落款不是人名，也并非那个广为人悉的香烟品牌，而是我和伊丽莎之间的暗语。我们用这串婉转的音节浓缩了一句话：Man always remember love because of romance only（只为浪漫传奇，人们将爱永镌心底）。

这落款总让我想起《广岛之恋》里的经典台词：我遇见了你，我记住了你。

▪打不开的盒子

我望向窗外，试图循着伊丽莎惯常的来路，想象她撑着明黄色雨伞的样子。但黄昏已逝，夜已降临，雨夜作背景，落地窗便成了镜子，从里面看，只能望见室内各种摆设的影子。镜子里，挂钟的时针指向七点。

我和伊丽莎一起时，会在七点告别，今晚，虽然她没有来，我依旧希望守时。

回到寝室，我做的第一件事是打开电脑，去会“商店里的疯子”。尽管伊丽莎不曾说明，但直觉告诉我，伊丽莎白和伊丽莎就是同一个人。这段日子，现实中的伊丽莎难觅踪影，还好网络上总有伊丽莎白的痕迹。

仔细浏览“商店里的疯子”，我才发现，伊丽莎白不仅是贩卖古怪商品的商人，也是江湖郎中，在留言版上替人解忧祛病。

“当当当！阳光明媚，碧空如洗，西伯利亚来的冷空气已经撤离，谢谢它给身处南方的我带来如此清冽的早晨。

在这里，集中回答几个问题：

Q：为什么我在留言板发的帖子不见了？

A：大家注意了，淘宝的意思是淘气的小宝宝，他总是喜欢乱改规则让大家好不容易习惯的页面变成另一副样子。大家对小宝宝要有耐心哟，习惯一下。嗯，他的最新规则是，掌柜没有回复的帖子，暂时是不会被别人看到的。所以大家不用担心，所有的帖子我都看到了，只是有些没来得及回复，所以没有出现。

Q：伊丽莎白，我爱上了一个人，他的名字叫筱涛！偷偷地告诉你。

A: 这个一定要顶起来！筱涛，你在哪里呀，这里有人爱你！你们一定要幸福啊！

Q：有没有勇气出售啊?

A：这是本周需求量最大的商品之一，本来我还以为会是爱情呢。看来大家都找到了爱情，只是不敢争取过来，所以需要一点点勇气。好吧，我去找宇宙无敌的奥特曼，问问他有没有多余的勇气可以卖。

Q: 好久之前就收藏了这家店，每隔一段时间，便会来看看，上次来的时候店主还只有两心呢，现在已经是一钻了。只是这次来，心情不同了。前段时间，妈妈去世了，现在想到妈妈还是很想流泪。你有天堂的电话吗？我想和她说说话。

A: 谢谢你这么信任我。妈妈，会永远生活在洁白的圣光中，再也不会增加皱纹。而你，经历过人生里最大的不幸，上帝也不会对你更加残忍了。我没有能安慰你的话，唯一能做的是提醒你，要珍惜每个为妈妈流泪的夜晚，那是一种财富，因为很快新的生活又会让我们忙碌起来，没有时间想起妈妈。

最后，我刚刚问过天使了，天堂里没有电话线（也没有网线）。打电话给电台，为妈妈点首歌吧，说出你对她的爱，她会听到的。”

……

我在六楼的窗台边读着伊丽莎白的话，窗外呼呼的风一寸一寸地紧。寝室里，半屋子是杂物，半屋子是沉默，而时光一寸一寸地涨，一会儿暖和，一会儿寒凉，漫过我的黑鞋子，漫过了我的红裙子，漫到亮白的屏幕上。

时光的水流过 09 年的最后一晚。

那一晚，城市里灯火通明，阴雨丝毫没有冲淡狂欢的兴意。图书馆对面的餐厅，因为没有啤酒和火锅，格外冷清。店家为了应景，在角落里放了一棵点缀着彩灯的圣诞树，但却愈发显出自顾自的寂寞。不过，那晚让我意外的不是奇怪的圣诞树，而是白色圆桌边静候的伊丽莎。

“嘿，好久不见！”远远地，我便听到伊丽莎热情的招呼。

仿佛也是为了应景，伊丽莎将自己装点成了圣诞树：雪白的贝雷帽斜戴在一边，深褐的头发绕出一弯弯自然的大卷，配上点缀了两瓣浅褐毛领的红色裙衣。圣诞树旁的伊丽莎仿佛圣诞老人的小孙女，莫非她会给我送来圣诞惊喜?

“今天怎么不去通宵狂欢?”我半是刁难，半是喜悦。

“特地来陪你过节的。我猜你肯定在这里，这么多天没见，我欠你不少故事了？我可不想拖到明年再还。”伊丽莎扬着调皮的眉，“送你新年礼物，算是补偿。”

说罢，她递来一只雕饰精美的玫瑰色椭圆形木盒。小小的铜锁搭在一边，锁着上下两瓣欲言又止的唇。

“这份礼物就能打发我啊？”我虽是好奇，却不想让伊丽莎得意，便故作清高。

“我送你的，不仅是木盒，还有一个故事呢。”伊丽莎将木盒推到我手边。盒子的一角触到手背，竟是温热的。

“那个故事，和这个木盒有关。

一对男女正在暧昧期，女孩却突然获得了留学美国的机会。她暗下决心，只要他挽留，便不远走，但男孩始终没有表示。送别的那天，男孩也来了，他从口袋里掏出一只别致的上海牌女士机械表，绕在女孩的手腕，上好发条。

松开手，手表滴答作响。

那年那月那时分，在滴答声中成了旧时光里的刻痕。

时间在向前走，我又何必执着此间呢?

女孩这样理解男孩的意思。于是，便头也没回，登上飞机。再回首时，已为人妻。

随丈夫搬家，一只精美的木盒突然吸引了她的注意，打开，竟是当年那只机械表，指针依旧停留在某时分。拧上发条，细长的秒针竟又开始画出美满的圆。

女人突然泪如雨下，她读懂了男孩的隐语：表走了。

不要走了。”

伊丽莎垂下脸，表情都藏在阴影里，她专注地捧起了桌上温热的奶茶：“如果不是亲耳听那女人讲述，我准以为“表走了’的隐语是个玩笑呢。”

我拿起木盒仔细端详，木盒的边缘雕着一圈花朵，似乎正值花期，每一瓣都是盛放姿态，又彼此相连，显出缠绵。但褪色的边角和细微处的划痕仿佛诉说年岁皱纹，精致之上显沧桑。

“《古诗十九首》中有一句，‘思君令人老，轩车来何迟’，讲的就是这样的故事吧。”我喃喃说道。窗外节日的欢歌喧闹，隆隆声中，不远的一片天空燃起大片烟火，而我的语气很轻，但伊丽莎似乎听得很清。

“离别如期而至，挽留却总姗姗来迟。”她侧着头，望向窗外的天空。

我摩挲着手中的木盒，仿佛它正在讲述更详细的经过。

“能告诉我，那个女人是谁吗?”我小心地问。

“是我已经去世的姑妈。这盒子是她生前送给我的礼物，只是那把钥匙找不到了。”

我有些惊讶，虽然对这木盒恋恋不舍，还是放回伊丽莎手中：“它对你的意义重大，怎么能送给我?”

“正因为它意义重大，才交给你。” 伊丽莎放下木盒，顿了顿，继续说道，“姑妈去世后，她的那段故事便成了家族里的禁忌，这盒子也一直被我锁在抽屉里。只是，夜深人静的时候，我总能听到那抽屉里传来微弱却又清晰的滴答声——或许在另一个时空里，这对恋人还相爱着。”

伊丽莎摸了摸冰凉的铜锁，继续说道：“是因为我太思念姑妈了，太替他们惋惜了。”

她将木盒推到我面前：“我把它交给你，过去的事情应该让它过去——只是，你能答应我一件事吗?告诉每个见过这木盒的人那段故事。”

我点了点头。

旧年的最后一晚，那木盒就在我枕边，只是夜里没有滴答声传来，而冰凉的铜锁依旧打不开。第二天清晨，我将木盒小心翼翼地放进抽屉，惟愿物是人非的风景安然在宁静的角落里。

后来，“商店里的疯子”上架了一件新品“打不开的盒子”。不过，那已经是很久以后的事了，你大概不会急着听那么遥远的故事吧，就像伊丽莎常说的，好故事需要慢慢讲、细细听。

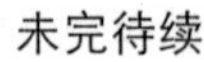
未完待续

美人赠你创可贴

《伊丽莎＿白》是个难以定义的文本。它可以是小说，可以是散文，如果你愿意，可以当做广告文案来读，实在没工夫，甚至可以只“读”插图。

故事的灵感来自淘宝上一家古怪的店铺。店主时男时女，买的是诸如“醉生梦死”“邮箱情人”一类莫名其妙的东西，每件商品背后都有一段精彩的小故事，与其说是买东西，不如说是展示故事以及故事背后的情怀。我被这种浪漫打动，一点创作的冲动也由此萌发。《伊丽莎＿白》可以说是网络梦想照进现实的故事，让人兴奋的是，目前它并不完整，如果你感兴趣，完全可以参与创作，伊莉莎不是留下了她的联络方式吗？

《伊莉莎＿白》是独特的，从没有小说或散文是以这种形式架构。当然，形式的创新也使得缺点异常明显，我必须努力平衡形式的张力与叙事的逻辑。

最后，我想说，这个时代好的文学应该是创可贴，它贴合你的身体，阻挡外界的细菌病毒，也正是它，在你最得意的时候提醒你，伤口依旧存在。但它不是药膏，不能愈合创伤，读者必须自我疗救，最终，扔掉这枚美丽的创可贴。

作为一名喜爱文学的文学专业学生，我最大的理想是成为那个最终被读者扔掉的人。

零零零 5
零零零 3
零零零 1

[评论]

喜欢“邮箱情人”这个故事，可后来只看到一堆堆砌起来的诸如“杜拉斯”、“波西米亚女子”，于是整 个故事几乎变成了符号化的东西。

————Z.U.N.（一颗星）

别出心裁的构思很绮丽，像一部未完待续的梦幻童话，触动柔软的人心。

————刘 刚（三颗星）

想象力是小说最主要的生产力。

————小 六（两颗星）

Name: 三三

上海 girl，90 后生人，一个满脑子奇异想法的小说新手，曾在全国青春文学大赛中获奖。自以为傲的随心所欲的写作风格被《Zer 零》编辑视为毫无章法，被连续打击 N 次。自曝喜欢村上春树，作为自己写作绕来绕去的句子的借口。内心的纯净和简单，让她面对尘世的镜头无所畏惧，据摄影师说她很自信，其实，她是内心没有害怕的基因。三三的梦想，是当一个可以写小说的知识产权律师。

Novel Department.0

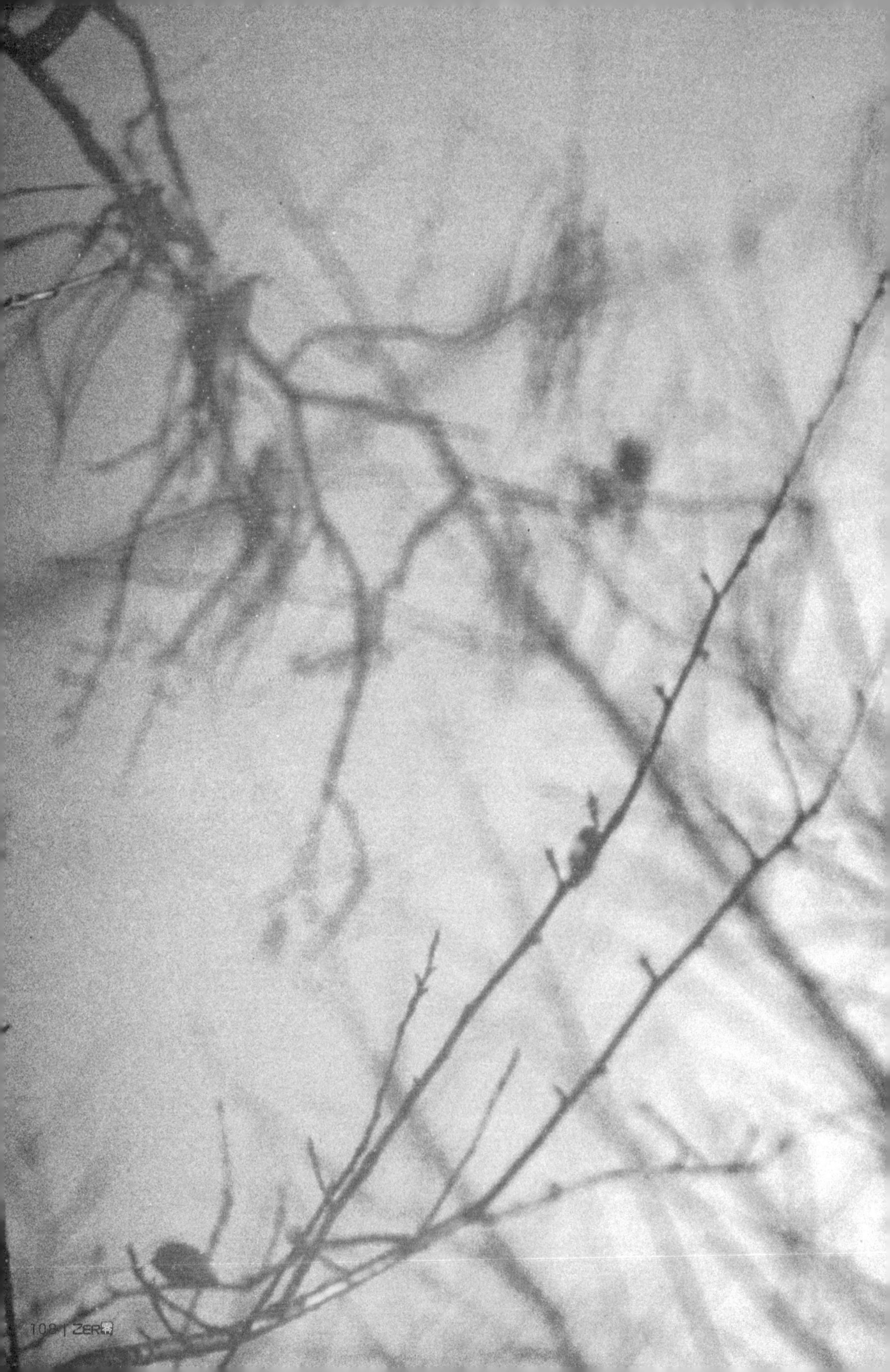

寻找故事°

Text by 三三

Photo by 树小喵

我是三三，我的生命线今年恰好爬过“18”这个数字。在这颇具标志性的一年里，我被一本叫《Zer零》的时尚文学刊物，选中作为青年作者培养对象。所谓被培养，我后来体会到，就是被编辑打击和折磨。而之前，喜悦和憧憬装满了我的内心。

为什么被选中，我不清楚，但我自己确实喜欢用水笔芯，在白纸上，镌刻出世界在我眼球里的缩影，虽然有时会因牵扯入过度的想象力而难以被人接受，但我个人乐此不疲。当然，那只是曾经的一种状态。曾经，我自以为我这一生都会与文字有些纠缠，但现在，这种“纠缠”恐怕变成了“纠纷”。因为有相当漫长的一段时间，我写不出恰如其分、让编辑点头的故事。

1

接待处大叔询问过后，递给我一块写着我名字的磁性小黑板，示意我走北偏东30度的那条路去编辑办公室。我曾到过这个地方几次，并和许多素不相识的写手们一起排了队，我们每个人都背负着一块磁性小黑板，用魏碑体写出的名字标注了我们的身份，肉眼无法读取的，还有我们复制般相似的文学理想。深居简出的编辑会按顺序召唤一些名字，然后总有写手以忐忑不安的形态迈入编辑办公室，再脸色惨白地迈出来。

我被分配在一个戴黑框眼镜的编辑名下。较之其他编辑，他同样具有两束犀利的目光，从大框架眼镜背后放射出来，但他有一个冠冕堂皇的名字——Mr.Mok。每当写手的文章需要矫正时，他总会用两根清瘦的手指，支起比他手指还要粗上一圈的雪茄，缓慢地吞吐烟圈和言语。没有人知道，他究竟在雪茄里装备了多少子弹、想枪毙多少稿子，写手们只是眼睁睁看着自己组装的文章前赴后继地死在Mr.mok的手指间，如那雪茄灰一样。

我的第一个故事香销玉殒在某个日光明媚的礼拜一，那天Mr.Mok裹了一件白色的长外套，活像新上任的病毒检验师。我坐在办公桌的另一侧，看着他把我的故事扫描进大脑，谁知道他是不是真看了进去！

在地球的某片阴影地里，有一座叫弗尼斯的城市，市民们安居乐业。

一天，弗尼斯发生了经济危机，迫不得已之下市长决定枪杀一大批市民，而具体谁能生存下来则是个问题。公平起见，市长把这个问题交给命运，他下令：“一天之内，能把自己出生日期四位数算出24的人将得到活下去的权利。”

F先生出生在01月01日，得知这条“24点指令”后近乎绝望，深夜在一个小酒馆里酩酊大醉，还不幸闹了事，于是顺理成章地被警察押走，关进了水牢。

第二天黄昏，当所有出生日期算不出24的人被推入死神的怀抱、遭到枪杀的时候，F先生却因为身陷水牢，阴错阳差地留存下了自己的生命。

几十年后，人们无意间打开水牢，发现了多年来靠吃水藻为生的F先生，他自己也已变成了一团黑白分明的水藻。他向后来的人们转述几十年前的那场灾难，所有人却只把他当做一个历史的伪造者而嗤之以鼻。

F先生觉得自己体内一种极为坚韧的东西刹那间瓦解了，他根本不知道，原来时间可以洗干净那么多东西。百无聊赖间，F先生走到当年人们被枪杀的地方，以咬舌自尽的方式为生命画上了句号。

“嗯……”Mr.Mok阅完我的故事，用娴熟的手法连续推了三次眼镜，我记得很清楚，是连续三次，推上去一点，又扯下来一点，连续三次。“恐怕……不行吧，实在有些抽象。”

我一向不敢把头抬起来正视编辑，只能轻微地“哦”了一声，像穿梭在夏日的一只狼狈的蚊子。

Mr.Mok又粗略地浏览了一次我的故事，安慰我说，“长处固然是有的，挺有意思，1月1日算24点，亏你想得出来！哈哈！”他笑后，话题猛然一转：“可惜就你的情节设计而言，读者只能感到一头雾水，你究竟想表达什么呢？”

我最害怕编辑问我想要表达什么，他果然这样问了。他一问，我就知道凶多吉少。

我很不擅长分析文字，甚至是出自我自己笔下的文字。有时候，我企图修葺一篇文章，而牵引我的并非什么可以称为“核心思想”的东西，仅仅只依赖于一种直觉罢了，类似戏水者心血来潮得顺风驾驭一块帆板。

既然Mr.Mok问起，我只能勉强地归纳：“命运的无常啦，时间的虚实难分啦，还有的人天赋里一些说不清的东西……”

“对啦，”Mr.Mok接过话，“你表达的东西太散了，况且又不够明确，文章的写法确实有很多种，但归根结蒂，你必须把你所想表达的讲清楚。我建议你可以去寻找一些更接近现实的故事作为题材，比如你校园生活中的趣事，这样会弥补你容易天马行空的弱点。你走吧！”

就这样，我被Mr.Mok以温柔的方式赶了出来。

2

我的脚前赴后继地在马路上迈动，时间大约濒临下午三点。三点的时候看这个城市，没有片刻宁静。这就是我生活的城市，它有一个异常抽象的名字——上海。理论上而言，我是应当给予这座城市一席赞扬的。然而不知道为什么，每当我行走在其中，总是懒散得一语不发，像是受到一层压迫感的侵袭。

我边走边咀嚼着Mr.Mok提示给我的关键字：校园。对我而言，这应该算在简单的范畴里。我今年大一，在缩写为ECUPL的大学里反复挑染我的生活。也许会有夹杂在水深火热里的高三学生问：自由吗？我想，或许吧。在被大学收纳以前，所有身份为“学生”的人都只有一条路可走，而当你漂浮到“大学”这个关卡时，这条单一的路忽然有了许多旁逸斜出的分支。所谓“自由”，只是你有了更多选项，可以根据自己的意愿选择热衷的路，但就路本身而言，它未必显得何其明朗，我就是一枚迷路的实例。

坦白而言，我至今未能融入大学生活，却不幸染上了大学的传统习惯——好吃懒做，企图诙谐地度过每片时间。每天诙谐地睡到中午，做什么事都像月球上的失重分子，压根不记得自己曾经是奥特曼的粉丝，怀揣着几块钱和拯救世界的理想。

平时在学校，自习教室和网吧都是风靡一时的地方，为了迎合潮流口味，我也屈身去过几次，最终发现都不是久留之地。我在网吧总喜欢挑靠窗的位子，为的是可以看见外面世界的风景，以至于不过于封闭。终于熬到成年，身份证在网管理员面前一甩就是大爷了，然后开始用精湛的技术来虐待键盘、鼠标和怪兽。我一直认为当代的网瘾少年是真正的勇士，他们专注的目光、敬业的精神、甚至每一寸暴起的青筋，无一不感人肺腑、让人叹为观止。高中毕业的时候，有个极度追捧游戏的同学在我的同学录上如此留言：“其实我特别想去口袋妖怪的世界，那儿可以收复各式各样的动物，还能和伙伴们一起旅行、和精灵们一起战斗。尽管有时会赢、有时会输，但那又怎么样呢，总是和伙伴在一起的。”这些话，有的人懂，有的人不懂，恐怕也有人懂装不懂。

大学里也不乏一心一意志愿读书的人，但我的故事不能在他们身上扎根，因为他们读书的理由或出于习惯，或出于迫切希望留在这抽象的上海。但他们不明白，每个大学生头顶都有一根线，操纵我们的固然不是自己，学名上称该过程为“外权干涉”也未尝不可。

我即是如此寻找我的故事，翻来覆去，最终空手而归。

走进寝室门的时候，我发现室友A居然佩戴着一张与我相似的苦瓜脸，我安慰她：“这年头，中国足球都3比0胜高丽人了，你怎么还唧唧歪歪的………”A用以解释的文字单纯地站在意料之中——爱情。在大学里总能见到颠三倒四的爱情，然而其结果却很单薄。顺理成章地，我陪室友A出去散心。

“最近在做什么？”A闲逛了几圈，懒散地坐在学校里的石桥上，清晰的字逐一爬出她的喉管。此时，如果我的手掌在她的背部施加一个轻微的推力，她肯定会掉入一片烟水湖中。

“写‘故似’（故事）啊，”虽然毫无恶意，但我非常爱好这个变音，似乎可以掩耳盗铃地过滤一些矫情。我说，“写关于校园的故似。”

A背对着我，但我可以揣摩到她脸上笑容的波纹。这种笑法实际上也浮现在周围很多人的脸上，虚无得像毫无意义的东西。A只是晃动笑容，其余一言不发。整个下午，我们维持着安静气氛面向湖面，专注得仿佛这是尼斯湖怪的第二家乡。后来回想起这些堪称“虚度”的时光，我确信了某种怪诞东西的存在，并且它一直通向我们的心脏深处。

3

我沉浸在这种似曾相识的气氛里，忽然在一片焦虑中搜到灵感，也许我可以编写一则关于无聊的校园言情故事。

那天晚上，三个室友去外面的世界寻找生活意义，唯独我把自己安放在宿舍里。桌上是铺天盖地的稿纸。时间大约流逝了70分钟后，我在月白色的稿纸上写下一系列关键字：

图书馆。黄昏。恬淡如欧式管风琴的女孩子。

浅色薄雾。窗栏。被愤世嫉俗与理想碾成糊状的男孩子。

木质书架。缝隙。突如其来的孤独。

相遇。暗恋。借口。重逢。情人。承诺。

起伏（第三者、意外事故、出国）。离合。遣不走的解散。

留下的物是人非。留下了与回忆产生的爱情。

我摆好了故事的骨架，不禁在松懈状态下沾沾自喜了一番。当学校里著名的韬奋钟敲完7下后，我已用墨水染了两页纸。时间悄无声息地从我的后脑勺处爬过了我的皮肤。三个多小时后，我的三个室友结束了娱乐活动，回到了宿舍。A按下饮水机加热按钮，问我说，“你不是说要写校园言情故事吗？写得怎么样了？”

“差不多了。”我把笔扔到一边，等着A来看我的稿纸。

不出我所料，A开始了阅读，不久她的嘴唇就裂成了“O”状：“这是仿写安妮宝贝的《莲花》的吧！太像了，那么多的句号。呵呵。不过话说回来，你的文笔还是有一点优势的，我比较喜欢你的风格。”A轻浅地笑了笑，说着把稿纸递给B。

B一手拿着可乐，一边翻阅我的手稿。我听见二氧化碳浮游在她口腔里的声音，忽然有种难以言喻的感受。我原本以为B会给予A一些赞同，虽然两者都不具备恶意，但这些客观存在的东西无疑会构成对我的奚落。B却说，“不是的……”我悬浮的心脏正要落定，B继续说道，“模仿的明明是《谁夺走了流年的糖衣》，我网上看到的，那篇文章现在还搜到的呢！”

仅凭温度判断，我的脸可能已蜕变成一颗火球。我一直在为自己标注“独一无二”，甚至以为自己是个成功者，但此时才明白，原来我只是平凡的与人重合的故事编写者而已。想到这点，沮丧顿时爬满了心里。我像是将生活摆在一个真空的世界里，A和B的争论声逐渐褪色，不知是谁说了一句，“如此大相径庭的题目讲得怎么可能是相似的故事呢？”没有结果，一切言谈就此寿终正寝。我是后来才明白的，在网络上，“二月春风似剪刀”，有的文章虽然题目不同，但实质上也是从别处拼凑起来的。

我最终与我的故事无缘，我反复想了很久，推算出一个并不得体的答案。也许我不能把大学的漏洞写进文章，因为抨击这种制度毫无意义，我的反省根本起不了什么作用；我也不能选择以大学的爱情为主题，因为异常的传诵手法已经磨灭了诸多美感，我不忍心再去夸大或抹杀我们对于此话题的精致想象。

再次回到寝室后，我向Mr.Mok的邮箱里添了一封邮件，告诉他，关于大学的写法，我的脑细胞处于山穷水尽的状态，希望可以另拟话题。

一天后，Mr.Mok给了我回复：关注潮流，找到你的立足点。

4

假如允许我给编辑Mr.Mok打分，我会毫不犹豫地画一个鲜红的五角星。虽然他时常催稿催得人寝食难安，但他也会在写手迷失在汉字堆里时，给出最恰如其分的援助。总之，他就像空调一样冬暖夏凉。然而我也引爆过他的愤怒神经，回想起来都有些不寒而栗。那是第三次定下构思，将稿纸递到《Zer零》编辑部的时候。

Mr.Mok在邮件里指点我，去潮流中寻找自己的定位。恰好我QQ里有个叫“罗小五”的朋友，得知我的境况后，很友好地传给我一篇约5000字的“潮流”故事。她言简意赅地说，“这就是潮流，把这篇文章给你的编辑一定能过关。”

起初，我显得犹疑不决，毕竟我的生活里还存在“原则”这种东西。可是罗小五一再劝我说，对待文学的态度也是与时俱进的，如今“先成名后成文”是最适时的作者培养方式。“很多读者都不会特别明白，就算文章本身不属于你，粉丝都会站在你这边。”罗小五说这个逻辑的时候，显得洋洋得意。此外，她又自诩是网络潮流文学的权威，其眼光想必是无暇的。出于一时急功近利的心情，我暗自赞同了这个方法，却又有些心有余悸：“抄袭………恐怕不太好吧。”

“笨！”罗小五说，“谁让你全抄了？！把人物名字稍微调整一下，这叫借鉴啊！小说家的事情，怎么能算偷呢！何况，编辑他还未必认得出来。”

“借鉴？”Mr.Mok的表情渗透了愤怒。我看到青色的烟从他的七窍中缓缓冒出，后来我才意识到，是我紧张得眼花了，那是他的雪茄散发出的烟雾缭绕。他狠狠挥舞着手上的雪茄，夹烟的那两根手指还是那样清瘦，吼道：“这篇文章都红遍网络了，人人都知道你这是抄袭！请问你把我们《Zer零》杂志当什么东西了？！”

“我没有全部抄呀，只是看了看。”真搞不懂我当时哪里来的抵赖的勇气，可能在罗小五的熏陶下我的确练厚了脸皮。

“还敢说不是抄袭！” Mr.Mok狠狠跌回我的稿子，“你以为复制粘贴一下就成你自己的东西了吗？你这样的人，就算运气好成了知名作家，你也得一辈子背负耻辱！就算哪天你靠欺诈换取了富裕的生活，歧视的眼光势必会将你逼到社会最底层！”

“可是…”我盯着被摔散了的稿子，竟有些许心疼，想去捡起来，实在不敢！

“你还有什么好说的！你这种垃圾文章，我推荐你去《极故事》算了，你说的罗小五就是那里的著名美女编辑呢！你这种抄袭路子正对她胃口！”Mr.Mok不依不饶。

我第一次看到Mr.Mok如此剧烈地生气，他连续指责了我半个小时。起初我想按照罗小五教授的绝招：抵赖、无耻、将虚伪演绎到底，但因为自己实在做贼心虚缺乏底气，之前想好的狡辩之词怎么都说不出口。

最后Mr.Mok翻出前几期我在《Zer零》上发表的故事，问我道，“难道你不觉得羞愧么？！”他的声音尖锐得像银针树刺。

时间在安静的办公室里定格了，我缓慢地抚摸了我的故事。原来虚伪不适用于整个世界，虚伪的人总有一天会身败名裂。

恍惚间，我听到Mr.Mok说，“一个作家、或者说写手，最重要的不是你的才华可以堆砌得多高，而是你是否用最纯净的态度去面对你的读者……先走吧，如果你再考虑投机取巧，那么我们编辑部绝不欢迎你再次踏入。”

5

我和文字的纠缠就此转化成了纠纷。我不断询问自己，我还能不能收拾起破碎的信心和勇气去寻找新的故事？路的分支四分五裂，我又该按照什么方向走呢？我孤零零地随着人群流动，手间奶茶的温度早已悄无声息地降低。在人来人往的街道，突然间，孤独匍匐在我的体内。曾经自鸣得意的内心，其实也已碎裂成一层屑末。我也明白自己，想得到答案却不敢铺展开更深的思考。我不断安慰自己，一个写作者要经得起残酷的折磨、编辑的打击、读者的忽视、还有同行者的冷漠。应该经历千万种痛苦，然后凤凰涅磐。

各种思想奋战了一夜后，我残存下得微薄勇气，最终没有允许我放弃寻找故事。第二大太阳将鲜红的脸悬挂在天际的时刻，十字路口有一个容貌尽显疲倦的人，她扶着膝盖蹲在花坛边的花岗岩上，用目光扫荡着每天一个经过的人。也许人们潜意识中都把她归于精神分裂者一类，但实际上，她只是在寻找她的故事。这个人就是我，被再三打击的三三。

沿用着当年福楼拜摸索灵感所启用的方法，我相信这次志在必得。我把视线假想为X射线，有条不紊地扫荡每张年轻的面容。

川流不息的人群中，有的人裹着厚如天山积雪的羽绒服，耷拉着脑袋，像是储存了些排解不清的厌世情绪；有的人边走边四下张望，时而看看戴红帽子的消防栓，时而捕捉行道树的倒影，焦点总有些散乱。我的眼睛向右倾斜了一下，一个孱弱的朱红色背影吸附了我的视线，那个人尽力裹紧线织围巾，施加的力度类似绑架土匪时那样强烈。不知道为什么，我对她产生了浓郁的好奇心。那会是怎样的女孩子呢？蜷缩在毛线围墙里的她为什么还显得那么冷呢？难道她和我一样吗，在人声鼎沸的生活里迷了路，却不甘心轻言放弃。我只是看着那个背影渐渐疏离，最后蜕变成人海里的一丝小波浪。

我反复咀嚼着这些年轻的面容，诚然，每个人行走的速度和形态都不同，可是我又怎么去区分，这些人里，谁刚做完善事？谁还怀揣着理想？谁和“快乐”做着朋友？谁真正在赶时间？我想，可能我是希望在他们脸上寻找一种梦想，可是他们走得太匆忙，只留给我一个遐想的背影，而背影里并没有故事。

后来，我买了一大包棒棒糖在路边分发，很多人在投来的质疑目光中夹杂了鄙夷，但我不在乎，我只是想用这个来交换人们心中的故事。我追着很多人询问，“你有故事吗？”像个敬业的发小广告高手，后来想起来，自己都觉得好笑，然而那时当真很迫切。总之，回应我的人寥寥无几，大部分人直接过滤掉我的存在，其余则用打量墨西哥稀有仙人掌的目光注视了我一番，然后继续运行回自己的轨道上。

就在刹那间，人影变得越来越渺小，我的视觉里只剩下一群马蜂。它们专心致志地赶往目的地，毫不在意别出心裁设计出的路灯的形状，或是绽放如三月桃花的喷泉街景，它们精明而愚昧，群居却摆脱不了孤独。

直到下午三点时，我才乘车返回学校。一路上我如沙丁鱼被挤在车厢里，不过我仍然不甘心放弃寻找故事。头晕目眩之际，我的眼前出现了很多条缝隙，好像我的世界在这一刻龟裂了。而当我情不自禁地把手伸进裂缝、想摸索一下其中是否有故事的时候，一声嫌恶的大喊将我拖回现实，“啊！！！有小偷！！！”——眼前的情景让我无地自容，原来，我居然把手伸进了别人的口袋，其中恰好还放着她的钱包呢！在闷得不省人事的车厢里，几乎所有视线都对着我，我不知道在他们心里我是不是以“小偷”的形象出现，但我可以确信，他们驻留在我心里的形状，只是一串穿着相同制服、排成一列、并且会呼吸的简单生物。没有人可以把谁的身份和脸配对，因为在乔装打扮的世界里，所有人都只是盲目地蠕动着，所有人都数不来自己的故事。

6

接二连三地日子里，我说服自己将精力投掷在寻找故事的过程中。有一天A问我：“进展如何呢？”

我勉强地拨动喉管，我告诉她：“我每天像个废弃的塑料袋一样在路上漂浮，尽量读完每一个路牌名字，踢翻每个垃圾桶，把每一扇店门敲得嘹亮；我也企图解读每个路人，虽然他们的外表千姿百态，本质上却极度相似，佩戴着麻木而干涩的表情，谁也数不清别人心中的秘密；我还在校内、MSN、QQ上到处发布‘寻找故事’的启示；甚至我去献了血、翻越了佘山6次、看过成群的墓碑和野花……可是不知道为什么，我始终触摸不到我需要的故事。”

A听完我的抱怨，笑笑说：“你的经历真是戏剧化啊！有意思”

A自顾自地跨过门槛，去图书馆还书。我则靠在湖蓝色的椅背上，仔细咀嚼这几天来寻找故事的过程。那些路人呆板的脸忽然罗列在我的大脑里，这是最平庸的一种生活方式，把悲欢都留在皮肤底层，并非追求快乐，只是适用性很强罢了。我的想象力忽然开始蔓延，是不是我可以将这把抽象的手术刀放在人情世故上呢？这就是我第四个故事，一个关于校园学生在学生会经历人情世故，单纯变复杂、世故的小说。

第四个故事诞生后，我在一个平庸的礼拜天，把印有我的故事的A4纸压得极其平整，端详了半天后还是搭公交车去了Zer零编辑部。敲门之前我对自己说，如果这个故事也被Mr.Mok判了死刑，那我将放弃“故事叙述者”这个职业。

一星期后，开信箱回来的A扔给我一封信。我随手揉捏了信一番，看见寄信人一栏出现的是“Mr.Mok”的名字，我情不自禁地从椅子上一跃而起，撕开了信封。

三三：

你的稿件我在桌上放了一个星期，反复看了几遍，我决定写点什么给你。

我不知道你读了多少人情小说才写下这篇文章，坦白而言，情节实在谈不上别出心裁，甚至部分地方处理得过于刻意。我想我不必再重申《Zer零》的征稿要求，但是……很抱歉，这样的故事《Zer零》只能予以退稿。

然而我写这封信给你，并非想否定你的创作能力。实际上，即使我从你的故事中挑了一百个缺点，我也能找到一百零一个优点来说服我自己，这就是我再三给你机会的原因。再有天赋的写作者也要经历不断的磨砺才能淡化瑕疵，我决定把重点安放在你的缺点上，只是不愿意让你膨胀成一颗易爆的气球，只是想让你明白不足以后，自己去摸索更精致的写法。

我比你年长七岁，几乎是两个脱钩的时代，你无法理解潘安邦扶植起的年代，我也不会去听萧敬腾的演唱会。相同的是，我读大学的时候，也像你这样“执迷不悟”地寻找并镌刻着自己的故事。我从来不把故事给别人看，也甘心忍受这种无人问津，可能写文章的人难免要担负一些孤独的。诚然如此，写文章并不快乐，却是幸福的。

其实我很羡慕你，如果今年我只有你这般年龄，毫无疑问我会标榜自己为“嗜好文学者”，可惜现在时间剥夺了我的权利。现在的你还拥有相当漫长的一截时间，不必因我的催稿或沮丧或操之过急。如果一个故事携带了功利的成分，这会让作者自己蒙羞。我之所以为你上次那篇抄袭文章那么生气，我想七年后等你站在我的位置观察回忆时，你会明白的。

最后我不免落俗地写上“珍惜”两个字，珍惜你尚未远行的青春，珍惜你不曾干涸的笔。也许有一天你再也讲不出让人瞠目结舌的梦话，有一天你的金钱观击退了理想，有一天你也会成为社会中极普通的一枚齿轮，丧失了描摹生活的别致角度；也许有一天你领会到，你的故事其实就在身边，你曾经是自己的故事。

期待你的新故事。

你的大朋友：Mr.Mok

最后一行是稍显模糊的日期。

我看了一眼书桌右侧的咖啡，在我看信的时间里已由温转凉，忽然百感交集。我无法知道Mr.Mok比我多活的七年里究竟罗列了些什么，但我能明白，所有的“此刻”最终都会蜕变成“once upon a time”。我们可以轻而易举地选择虚度，可是不管怎么说，每个人都想在时间身上留一个属于自己的符号。而我的方式，可能就是“寻找故事”吧。

我观察世界的角度忽然拉伸开很多，我决定暂停胡乱编造故事的行为。故事的写法确实千变万化，有人仅仅把创意留在标题里，有人沉迷在文字华丽的外表中，也有人用大品牌知识点缀自己的故事、以让读者的好奇心与虚荣心共同饱和……然而，这层出不穷的技巧，都不足以在我的故事上立足。即使编辑有异意，即使读者疑惑不解，即使我和潮流格格不入，那又如何呢？对我而言，这些都已经在我的思考射程之外。在我的观念里它们永远都是我最热衷的故事，因为我曾为写这些故事挤出过无数个深夜，我曾拒绝和室友参加娱乐活动，我放弃了这么多，只为取悦我自己。或许我不得不承认自己只是一个平凡的讲述者，但我相信，每一个标点符号都可以见证我的心血。

我的故事或许拙劣，或许简陋，或许有的地方也显得跟风，但毕竟这是我付出努力从茫茫人海中俘获的，这个过程记载了我无时不在流失的生命。于是我用金钱与小贩换了一个储蓄罐，每当有故事触动了我的神经，我就将它压缩进笔记本，同时把一枚粲然的硬币送入储蓄罐的怀抱。

在某个桃花即将流露笑靥的时节，我端着满了百分之五十的储蓄罐，忽然怀念起当初为《Zer零》寻找故事的过程，被编辑打击的经历，以及我那些匪夷所思的体验，我的室友A曾经用“戏剧化”形容它。Mr.Mok的话也缓慢地呈现在脑中，“你的故事其实就在身边，你曾经是自己的故事。”

可能时间真的在这一点发生了扭曲，我突发奇想，也许我可以为我的回忆做一份归纳，故事的标题就定义为《寻找故事》，寻找那些并蒂如花的喜悦与低谷，寻找我遗失在时间里、溃不成军的文字记忆。

一小时后，我把一支崭新的笔芯放置进笔杆的怀里，几乎是满怀希望地坐到了桌子边。我知道不久之后，我就会牵着被命名为《寻找故事》的故事，再次出现在《Zer零》编辑部门口，再次卷入一场新一轮的排队，再次可以见到Mr.Mok那两根清瘦的手指。不过，这一次，我依然不能肯定，他是否会再次挥舞着那根雪茄……

End

《寻找故事》幕后

构思：2009 年 12 月

初稿：2010 年 2 月

二稿：2010 年 2 月底

三稿：2010 年 3 月 3 日

定稿：2010 年 3 月 10 日

被枪毙稿子纪念碑：《忽如远行客》、《奇怪的男人》、《N**** 彗星》

修改意见：李伟长

创作周期：3 个月 三三说苦无天日

最终字数：9000 多那么几个字

写作的行为艺术

三三没灵感，编辑说那就这么办

三三是最早被锁定的作者之一，被期待创作一篇风格鲜明的小说。结果，三三自信满满的几篇东西，被编辑扫地出门，理由是写得莫名其妙，虚构的步伐跑得太远，加上三三似乎患上了哲理述说症，老想表达生命本质，故事被写得支离破碎，人物情绪永远欲说还休，节奏似乎总在跳跃变换，导致作品干巴如缩水的桃子，令人胃口全无。

三四回退稿后，三三终于感到了沮丧，甚至怀疑编辑是否认真看过她的小说。看她的样子似乎想逃跑，可又不好意思撒手不干，彼此陷入了僵持。某日，编辑告诉三三，要不就把你自己写稿的经历写成小说吧，这是现成的故事，并且暂时忘却你的哲理。

三三被说服了，拿着编辑挑起的灵感，写下了第一篇《寻找故事》。

三三有看法，成心玩个叙述小圈套

这个小说好玩的地方，除了把三三被编辑不断打击的惨状写得感同身受外，叙事结构是一个亮点，可看作向 80 年代先锋小说家马原先生致敬，小用了一把马先生善用的叙述圈套技巧，犹如俄罗斯套娃一样，一层装着另一层。

小说名叫《寻找故事》，主人公和作者都叫做三三，小说里的三三最后的构思恰恰又叫做《寻找故事》。现在看来这种方式并不复杂，但在普遍不屑于文学技巧的 90 后写作者中，三三的做法，可以说明一点：小说的基本原理是可说的，也是可以被训练的。

三三有点小骄傲，看不起现在的很多小说样式。于是三三在小说中，把哲学文化体、郭小四体、安妮宝贝体、职场体等故事都仿写了个遍，作为投稿，然后让编辑全部枪毙，还振振有词爆出了《Zer 零》的立场，很有讽刺的火药味。不过，三三写的时候，估计在心里偷着乐！

三三很痛苦，编辑狠心装作很无助

三三说，这不是她想要写的东西。因为她想要写别人看不懂的文字，如果能写成天书，估计三三会笑眯了眼。可编辑的理由实在得让三三不好意思拒绝——就当小说训练来写，以此了解小说的基本要素和要求。尽管如此，在最后修改的过程中，三三还是百般耍花样，一会不是拿“不太擅长再塑造”做借口，要不就是留下一句“我崩溃了，崩溃了，请明天联系”，消失一天，第二天再若无其事地说昨晚上网到两点半，然后玩手机游戏到凌晨三点就睡了。让编辑晕乎半天，不敢得罪。不过还是感谢阿弥陀佛，三三现在活得好好的！被编辑鼓动了，说要为下一篇《寻找句子》的折磨早做准备。

零零零 5

零零 4

零

[微评]

是不是有些过于文艺了？

————君　天（两颗星）

脚下有坚硬的石头，没有红舞鞋，所以只能磨出血来。

————慕容嫣（三颗星）

我在里面看到了作者的诚意，希望以后叙事会更加老练。

————苏细细（两颗星）

Novel Departmen

"故事"

《Zer 零》主张小说创作是可学的，也是可说的。小说作为一门学科，有其基本规则。既有规则，自然就是可以了解和学习的。我们将以解码的方式，将小说创作的一些核心概念进行解释，同时结合一些知名作家的相关阐述，期望对小说写作者，尤其是写作新手有所帮助。小说解码第一篇，将从小说中的故事说起。

声音篇

贾平凹

作家应该关注你所处的这个时代的进行状态。作家在写作时，尽管各个时代对文学有不同的要求或提法，但是作家始终要把握住这个时代的进行状态。包括我们经常说的人性，人性在各个国家、各个时代的内涵也不一样，你写的必须是你这个国家、时代的人性。现在作家不关注当代，难道让后人来记录这个过去的时代吗?

我相信文学有一种基本的东西，或者就是你所说的超时代的因素吧。这个东西我尽管不能准确地像理论家那样表述出来，但我能感觉到。这大概就是我们常说的文学观吧，我认为文学是人的一种精神活动，要传达作者对世界、人类的一种感悟。可是现在的文坛常常是在其他方面大做文章，把一些事情弄玄了，最后弄得文学也不知成了什么东西。就说沈从文、张爱玲，他们的小说也没有什么宏大、深刻的东西，还有外国的福克纳、海明威等，他们的作品用现在一些人的标准去衡量，觉得也没有什么呀。可偏偏他们是大师，他们的作品，有文学最基本的东西、最好的东西。

小说不能没有故事。

莫言谈《生死疲劳》

纵观小说发展的历史，到了托尔斯泰、巴尔扎克之后，史诗性的宏大叙事已经到达了顶峰。如果要写一部所谓的带有历史意义的作品，按照传统的现实主义的写法，显然是写了一个故事，仅仅是和过去的故事不一样。即使天才的现实主义作家也只能写出一部跟《静静的顿河》类似的作品。在这样的境遇下，逼得现代作家在小说叙事上不得不另辟蹊径。

这么多年来，中国的、外国的许多小说家挖空心思地尝试着离经叛道，是因为那些大师的作品已经到达无法超越的高度，新小说派也好，感觉派也好，福克纳也好，卡夫卡也好，都是在寻找另外的叙事角度，而真正的原因是为了避免和真正的大师正面交锋，显然也不是他们的对手。但是，重建宏大叙事确实是每个作家内心深处的情结。所有的作家都梦想写一部史诗性的皇皇巨著。而我既不想落入窠臼，又舍不掉情结，还想独树一帜，所以《生死疲劳》只是另辟蹊径的一种努力。

《生死疲劳》看起来是一种重复，向故事回归，向宏大叙事回归，向全知视角回归，似乎昭示了小说历史或者说是文学历史的循环，但事实上这是螺旋式上升，看起来回到原点，其实高于原点。它毕竟吸纳了很多新鲜的元素，而不是简单地重复过去，更不是简单地回归。

苏童

小说不是按照理性的、逻辑的东西来阐述、来展开的，小说必须从形象着手，说穿了就是从某一种动作着手，有时候就是一些动作，结果成了小说的出发点或背景。

写小说从讲故事开始

Text by 甫跃辉

有一位读者在作家余华的博客上留言，说他是“篝火旁能讲故事的那个人”，余华回复道：“我写了二十多年小说了，今天看了你的留言，才知道自己是围坐在篝火旁能讲故事的那个人。这是我得到的最高评价。”可见，余华很喜欢“讲故事的人”这样的身份，何况还有篝火呢！在篝火旁讲故事，这大概是祖先们生活中最为习见的场景之一了。2001 年的时候，美国人拍过一部电影，名字就叫做“篝火故事”，讲的是一天晚上，几个年轻人在郊外出了车祸，要等到天亮才有救援，于是就围着篝火，每人讲了一个鬼故事。虽然美国人拍的是一部恐怖电影，围着篝火讲故事的场景总归还是温暖人心的。

在我们的经验里，也有无数这样的场景可以从记忆中唤醒，歌词中都有这样的句子：“我们坐在高高的谷堆旁边，听妈妈讲那过去的事情。”将篝火置换为“谷堆”不过是物质贫乏年代里一种对食物的丰美想象。更经常出现的还是“篝火”，它们和许多故事一样具有同样的性质：飘渺不定，神秘莫测，而又能够温暖人心。

{一}

小说源起于故事，古今中外怕是概莫能外。

我国古代的《搜神记》、《太平广记》，后来四大名著中的《三国演义》、《水浒传》、《西游记》以及“三言”“二拍”等，都是在讲一个一个的故事。

《搜神记》中的“干宝捉鬼”是我们熟悉的，事实上，如果你从小生长在农村，听这类故事的机会绝不会少。像许许多多民间流传不衰的鬼故事一样，这样的故事总是事先强调鬼的强大，最后则宣扬“人定胜鬼”。此后的《水浒传》《西游记》，以及“三言”“二拍”等，则大多经过说书人的处理，更是地地道道的故事，“欲知后事，且听下回分解”鲜明地点出了这一点。这些故事，为了做到吸引人，总是一环扣一环，不能有冷场。《西游记》表面上唐僧师徒一直在往西天前进，十步一景，五步一观，实际上那些妖魔鬼怪都差不多，故事也差不多，不过是妖魔鬼怪和相似的故事接踵而至，吸引人不断听下去。

《水浒传》亦如此。作家王安忆曾分析《水浒传》说：“从高俅开始：高俅迫害王进，王进如何活命呢？这是一个扣子；然后王进投奔史进，史进与朱武、杨春、陈达三个盗人发生了联系，官兵来史家庄上拿贼，又是一个扣子；史大郎只得夜走华阳县，结识了鲁智深……史进与朱武、杨春、陈达的纠葛，与王进的投奔并没有关系，这一个扣子的系与解只负责将史进推上舞台；鲁智深的故事与史进夜走华阴县也无关系，史进到华阴县也只负责将鲁智深推出场。自然，最后终了，所有的人物都将在梁山泊会师，梁山泊是所有人的归宿，所有人殊途同归，都从各自的遭遇走向梁山泊。可是，从小说的构成形式上，人物与人物之间，事件与事件之间，除了因时间和地点形成的契机联系外，并没有更为强有力的因果联系。这是一大组并列的故事，许多故事并没有造成一个递进的形势，只是在一条水平线上并排着。可见，‘扣子’是使故事讲下去，也使听众听下去的动力，而不是故事本身发展下去的动力。章回小说就是这样一环扣一环地连成洋洋数十万言，充分展示了说书艺人叙事的才华，这大约就是中国小说的传统所在。”

西方也大抵如此，最初小说模样的文字总是满足于讲好一个故事，这些故事又总带有一定的反复性，比如许多流浪小说、历险小说，比如《一千零一夜》和《荷马史诗》。看过《荷马史诗》的人，一定对那些程式化的语言记忆深刻。在《伊利亚特》里，宙斯总是“沉雷远播的”，赫拉总是“白臂膀的”，俄底修斯总是“足智多谋的”， 赫克托耳总是“头盔闪亮的”，这些程式化的语言点出了被修饰者的某个特点，同时也渲染了史诗凝重肃穆的品性。英雄们“高大”、“魁伟”、“英俊”，雄辩滔滔，送吐“长了翅膀的话语”，发怒时“恶狠狠地盯着”对手，阵亡后“轰然一声，铠甲在身上铿锵作响”。

无论是中国古代故事中的连环故事还是荷马史诗里的程式化语言，都和表达的方式有关：这些故事是诉诸语言的，从口中出，到耳中去，它们必须能让人记住，不用让人做太多思考——因为语言的即时性，随时产生又随时消失，也不可能给人太多的思考。这类传统小说中，讲故事的人，或者说作者，往往是无所不能的，他们可以知道小说里李四的心理，也可以知道张三的心理，仿佛造物主，对一切人物、事件有着完全的掌控力，乃至于可以代替听众做出判断做出思考——故事中的好人坏人总是一目了然。欧洲到了十八十九世纪，中国到了曹雪芹，这种说故事的人大包大揽的方式慢慢有了改观。到了二十世纪，小说的样子就大变了，小说不再满足于讲一个故事。现代小说虽然还有很多是讲故事的，但也有很多小说是没什么情节的，有时候，一个小说只是写了一点点生活的感受。小说可以没有情节，也可以没有对人物和环境的描写。读过卡夫卡的人，一定很能明白这一点，像《地洞》这样的小说，能有多少故事可言呢？我上高一的时候看到这小说，当时深受震撼：这样也叫小说？

{二}

我们都听过那个与蒲松龄有关的著名的传说：他熬绿豆粥让路人免费享用，但要求每个喝粥的路人都给他讲一个故事，他将这些故事加工后，就成了《聊斋》。稍微知道一点外国文学的人，都听说过这样的掌故：普希金是听着老祖母的故事长大的，马尔克斯也是。马尔克斯从小寄养在外祖父家，生活在一大群姨妈、女仆中间，她们喜好回忆往事，讲述各种怪诞的故事。外祖父更是有着丰富人生阅历的人，他年轻时参加过好几次内战，总爱给小马尔克斯讲自由派首领拉斐尔·乌里韦·乌里韦将军的传奇故事，后来马尔克斯把这个人物的性格特征和许多故事搬到了《百年孤独》中，塑造出奥雷良诺·布恩地亚上校的形象。

许许多多我们熟知的小说，就这样从现实的土壤里抽枝发芽，拔地而起。和蒲松龄一样同为山东人的作家莫言，小时候听了非常多的鬼故事，他在一次受访中回忆，小时候“吃完晚饭，放下碗筷，就跟村里的小孩子一块跑去听大人讲故事，我那时常去三叔家听他讲鬼故事。听着听着，吓得不行，人缩成一团，一边发抖，一边听故事，好不容易哆哆嗦嗦听完一个故事，尽管害怕，却还向大人要求再讲一个。这样听到最后故事结束回家，常常是一边放声歌唱，一边飞快地奔跑。”后来，莫言写过不少关于鬼怪的小说，不能不说，有童年生活的影响在。想象力丰沛的莫言，甚至曾因读到的一句话而构思出一篇小说。莫言在和日本作家大江健三郎的一次谈话中提到创作《白狗秋千架》的事儿：“我在阅读他的《雪国》的时候，其中有一句说，秋前这个地方出产一种黑色的大狗，站在河边的石头上伸出舌头舔着河里的热水。我的灵感突然产生了，他写的那个黑狗在我的眼前突然变成了白狗，这是产于高密东北乡的全身雪白的大狗，流传数代以后已经不是纯种了，即便是白狗身上也带着一块黑色的杂毛。《雪国》这句话确定了《白狗秋千架》这篇小说写作的基调，而且我下意识地把高密东北乡这五个字在小说里写出来了，此后在我很多的小说里高密东北乡成了我专用的地理名称，所有小说都放在这个环境中。所以它已不完全是地理概念，是一个文学的王国，由我而开创。”日本人总是很认真，他们读了莫言的小说，还要到莫言老家去看看真正的高密东北乡，可是，到了才发现，很多小说里的高密东北乡的动植物都无法在现实中找寻到。这就是小说的力量，不单可以虚构人，虚构事，还可以虚构整个地域整个王国。

现在小说里的故事似乎比过去的少了点儿什么，又多了点什么。少的是传奇性，故事性，多的，或许可以说是一种萦绕不散的心绪。故事是讲出来的，是用来听的，决定了故事向传奇方向走。小说则是写出来的，用来看的，读者比听众有了更多细细咀嚼细细沉思的空间，也就注定了小说向内走，更关注内心的幽暗与光亮。这是我可以说出的故事和小说的最大区别了。孙悟空不再是打完白骨精就完了，现在的故事还往往会往时间的前后两个方向发展。推演出前因，还要推演出后果。如果向后发展，或许可以将孙悟空打完白骨精后造成的一系列问题写到极致，比如，孙悟空会不会感到荒谬，感到无聊：不打白骨精不行，可是，打了白骨精也不行。他为了保护唐僧，必须打白骨精，他为了赢得唐僧的好感，又不能打白骨精。这是个两难问题。如果这么往下写，这三打白骨精或许就是一个现代小说了，或许，孙悟空就要成为一个现代世界里的“思想者”了。

［三］

什么样的故事才是一个好故事？或者说，什么样的故事才是值得一篇小说讲述的故事？小说最大的要求就是要有原动力。好的故事，往往有一个并不复杂的情节脉络，更重要的是有一个复杂深刻的内在诉求，涉及生命中一些难以解决的困境，这个就是原动力。

可以先看一些电影的例子。电影——尤其是商业电影，特别强调故事性。故事的好坏，对电影的影响或许比小说还大。一部电影90分钟甚至两个多小时，得有一个，甚至几个“原动力”促使其演绎下去，一方面，故事能够持续发展，另一方面，这样也才能吸引观众看下去。比如《阿凡达》，最主要的“原动力”是地球人和潘多拉原著民们的矛盾：地球人想要取得的矿场资源刚好在“安土重迁”的原著民的村庄底下，然后就是男主人公身体和心理在两种身份之间的辗转。比如《2012》，最主要的“原动力”是地球的浩劫和主人公一家求生造成的矛盾。再比如美国经典动画片《猫和老鼠》，“原动力”自是猫和老鼠的矛盾，猫要吃老鼠，老鼠得逃命。有了这样一个推动，猫和老鼠就可以永远在荧幕上追逐下去了——只要动画制作者愿意。美国作家斯蒂芬·米勒豪泽2004年在《纽约客》杂志上发表了一则短篇，也叫做《猫和老鼠》，他似乎完全在重复动画片《猫和老鼠》的种种经典情节，直到结尾，不同才赫然表现出来：老鼠从兜里掏出一块红手帕，慢慢擦掉了猫，也擦掉了自己，最后，“手帕轻轻地摆动，逐渐变大，突然裂成两半。两半手帕变成了舞台幕布，幕布开始逐渐落下。在落下的帷幕上，两个字用黑色的笔迹把自己写了出来：‘结束’。”小说由此彻底取消了动画片中的不断促使故事发展下去的全部动力来源。一切就都“结束”了。

回到小说。莫言给朋友们讲过一个故事，大意说有一次在傍晚回家，需要渡过一条河，脚一触水，河水里就冒出一些红孩子叫唤道：“吵死了，吵死了！”莫言缩回脚，红孩子们不见了，河水又复归宁静，反复几次，莫言终不能渡河，只好在河边等了一夜，第二天才走过去。在这个故事里，并没有复杂的情节，没有鬼故事惯常有的恐怖气氛，可爱的红孩子们口中的那句“吵死了”将日暮乡村的宁谧渲染得十足。那该是怎样的一幅画面呢？徐徐落下的夕阳，丝绸一样流动的河水，河岸有树，远方有村庄。红孩子们出现在一片静谧的河水之中。光是想想，就够美的。这在古代说书人的口中，大概是成不了一个好故事的，但若在现代作家手中，绝对可以写成一则绝妙的短篇。不过，好则好矣，这则故事又是很难持续发展的，它只是一个片段，一瞬间的惊艳，很难织成大匹华丽的锦缎。这则故事的核心冲突是过河与否，是红孩子们嫌我渡河“吵”，莫言的解决办法是不渡河。如此也就解决了问题，也就没太多可以发展的了。

再举一些大多数人熟知的例子。《西游记》写了那么长的路，那么多的妖，“原动力”是什么？

最主要的有两个，一个是唐僧到西天取经，所以他不得不那么一直走下去；一个是吃一块唐僧肉可以长生不老，所以才会有那么多妖魔鬼怪冒出来。金庸大侠的《笑傲江湖》呢，分析一下，推动故事向前发展的“原动力”有这么几个：武林秘籍《辟邪剑谱》的下落；日月神教前教主任我行的下落，以及任我行能否打败东方不败重返日月神教；令狐冲的内伤能否治好；左冷禅想要五岳并派能否实现，以及岳不群的野心能否实现……等等。对于《笑傲江湖》这样的通俗小说来说，尤其需要足够强大的“原动力”，而且，需要不止一个“原动力”结成一大个推动故事不断向前发展的“网”，有时，一个“动力”消失了，还需有另一个“动力”产生出来，让故事的发展接续下去。

拉美作家的若昂·吉马朗埃斯·罗萨的小说《河的第三条岸》曾出现在近年的高考试卷上。这篇令众多考生瞠目结舌的短篇，说一向本分的父亲忽然异想天开，为自己打造了一条结实的小船，告别家人，走向离家不远一条大河，父亲独自一人驾着小船在河流上飘荡，只需儿子送来食物，别无他求。家人想尽办法让他重返故土，但他依然故我。最终，已经白发染鬓的儿子对他隔岸发誓：只要他回来，一定继承父亲未竟的事业，将小船划下去。父亲兴高采烈向岸边靠近，可是儿子却实在无法忍受仿佛来自天外的父亲形象，在恐惧中落荒而逃。父亲从此再也没有出现。在此不去追究小说究竟要表达什么，要说的是，正因有了父亲离家到船上漂荡这件事，小说才得以叙述下去。这件事就是整篇小说的“原动力”。

在小说里，这“原动力”就如同玩多米诺骨牌时碰倒第一块骨牌的那一巴掌。没有这一巴掌，后面什么戏也没有，如果这一巴掌的力道运用得适当，后面自然会出现一系列的后续效应。鲁迅先生在北京女子师范高等学校做过一次演讲：娜拉走后怎样。娜拉是易卜生话剧《玩偶之家》中的人物，她离家出走后怎样呢？撇开鲁迅先生的演讲，我们不妨也想一想，她会到什么地方，遇到什么人，遇到什么事，如何解决种种生活的困难。有了娜拉出走这一“原动力”，再加上我们自己的想象力，一个小说就呼之欲出了。

实战篇

做世界上最大的钻石很幸福?

Text by 一番队队长 王若虚

目击者，记者，说书人，历史学家。

以上四位都是一个成熟小说作者所需要具备的素质。

我在这里要探讨的，不是那种试验性的先锋小说，所以假如你想知道那种“几乎没有情节”的小说的写法，那请直接跳过本部分。或者打开最近的窗户，飞身一跃。

1、河鱼的侮辱

那么，怎么把一个故事写成一部可以让读者顺利读完、又不至于读完之后把书直接扔到你脸上来的小说呢？可以说，故事的本身至关重要。一个高明的小说家对故事是很挑剔的，就像好的演员或导演很挑剔剧本（国产影视圈不适合这个规律），因为我们所身处的世界熙攘而纷扰，无时无刻不在发生着矛盾、冲突，于是有了如下三点：

1、 一流的故事是可遇不可求的，二流的故事可以经过巧手的料理成为准一流的小说，三流的故事则无可救药。

2、 越是好的故事，小说家越是不需要太多的手段，如语言、结构上的花样（天然去雕饰），一流的故事就像上好的深海黑鲔鱼，属于百里挑一，打上来即可直接切片食用；二流故事像鲟鱼籽或者鲈鱼，略微加点手段烹调即可享受美味；三流的故事则是普通河鱼，要大费工夫去掉河腥味，自家吃吃可以，上不了任何大宴席的台面；不入流的故事呢？鱼塘里那种手指长的小鱼，拿来喂猫可以，给人吃就免了。

3、 好的小说作者总是“耐心等待”一流的故事，“细心捕捉”二流的故事，并且对三流的故事“衷心地不屑一顾”——除非你拿来练练文笔，不打算发表。

记住最后这点，非常重要。因为假如你想发表作品，刊物或者出版社的编辑们可是常年吃鱼的老手（记得《中华小当家》里那些表情夸张的评委大人么？记住，给他们做那道菜的可是特级厨师，不是你，所以请不要抱有不切实际的妄想），河鱼是对他们品味的侮辱，没有好的鱼籽就不要端上来。

我们这里只说二流故事如何成长为看似正品的A仿一流故事的小说，因为一流故事是几率和人品的问题，我可教不了你。

2、你撞上的只是冰山一角

故事是什么？是由矛盾、冲突、事件所引起的在价值观上的连锁反应，这就意味着它是个看似杂乱无序的矛盾体：

上帝创造了百兽（包括蛇）——›上帝觉得不过瘾，又创造了木头木脑的亚当夏娃——›蛇妖言惑众让他们吃下智慧果——›变聪明了的人类祖先被赶出伊甸园，开始自力更生＋自相残杀

盘古出生在混沌的鸡蛋里——›巨人觉醒劈开天地——›盘古死后身体变成时间自然万物，包括了泥土——›女娲神用泥土制造了人类

从中西方两大创世纪神话故事里，你看到了什么关键词？

“连锁反应”。

现在的技术问题就是，当身为写作者的你在生活当中得到一个故事的时候，往往不是像我前面所告诉你的这么精确、凝练、简洁、充满逻辑关系。在现代社会里，一个有真实背景的故事往往又被各大新闻媒体分解成了无数的细枝末节和专题报道，让小说家觉得更加眼花缭乱。一千个观众有一千个哈姆雷特，一千个事件目击者里有一千个故事，尽管这一千个故事其实是一件事。

为什么我们前面说，“记者”也是小说家需要的潜质之一呢？因为记者总能敏感的捕捉到故事背后的故事，他们总是从诸如“我们从哪里来”这样的问题着手，然后告诉你“人类祖先被赶出伊甸园”或者“女娲用泥巴制造了人类”这样线索，最后把上帝或者盘古给发掘出来。

一个能够击中读者的故事，就是撞沉泰坦尼克号的冰山，而大部分人只看到了水面以上的部分，但小说家却要像记者那样跳进水里看个究竟。

3、不要抱着最大的钻石跳海

当你找到冰山之后，首先要做的，就是像比利时钻石之都安特卫普城的工匠切割钻石原矿石那样，把眼前的完整故事分解、切割、抛光。

有的人会说，作者想要表达的东西，是不是“切割过程”中的一个重要指标？那么现实情况是，小说的技术虽然是可学的，是可以理性分析的，但是小说的内核终究是感性的，有的小说作者未必从一开始就知道自己要彻底明朗地表达什么（否则就是在写评论员文章了），但TA一定知道这个故事最吸引、最打动自己的是什么——这才是在切割故事时的一个重要指标。那些和这个“吸引点”相辅相成的，可以保留下来；和它站在对立面的，也可以保留下来；唯独那些和它完全不相干的，一定要毫不犹豫的挥刀砍去。

有的时候，遇到规模比较大、内涵意义上有比较散的多个事件组成的故事，你也只能选取其中一个立足点和主要事件，不要野心太大。因为首先技术上你就很难处理这样的故事，其次，就算你把它搞定了，那么它也是一颗硕大无比的钻石。

你以为做世界上最大的钻石很幸福？

世界上曾经有一颗“最大钻石”的纪录保持者，因为刚成品时体积实在太大，无人敢出价买下，导致有价无市的局面，钻石的主人也一度穷困潦倒（切割费都花在上面了）。后来他终于开窍，将钻石有分割成为几部分，分开拍卖，结果很快就找到了买家。

与这颗大钻石的窘境相反，全世界每天有无数不到两克拉的钻石被镶在戒指上卖给幸福的爱人。

然而“抱着一颗大钻石”的心态依旧出现在无数怀揣文学梦想的青年人的脑海里，或者确切地说，他们的梦想是“成名”，而不是“好作品”。浏览一下各类文学网站或者论坛，甚或在如鲫的文学爱好者QQ群里转转，你会发现数以千计的小孩子们这样宣言：“我要写一部震撼文坛的作品”、“我要写一部超级牛逼的小说”，潜台词就是让韩寒郭敬明情何以堪，让《红楼梦》《百年孤独》黯然失色。

在这样的心态下，“好作品”只是手段而不是目标，最终会导致“好作品”的面目越来越糟糕，最后连河鲫鱼都不是。太多人的幻想着“毕其功于一役”，于是别人都在切割钻石，而你在把各种碎钻粘合在一起，越来越大，越来越重，简直成了怪物，最后带着它一起跃入深渊。钻石越大，你沉得就越快，当你沉到底部时，才发现这原来不是钻石，只是石墨。这才是一个年轻写作者最大的悲剧。

不幸的是，这种悲剧随处可见。

所以，不要野心太大，你这辈子不会只写一部小说的。

如果实在心疼，那就把割下的部分写成另一部小说。

钻石成品之所以有异常美丽的华彩，除了它的分子结构，也因为工匠舍得下刀。

你就是切割小说的那个工匠。你控制刀子，而不是让钻石控制你。

4、枪毙九个可能性，剩下那个就是真命天子

有的时候，作为小说作者的你，甚至都没有一个十分完整的现成故事，只有那种我们说的“能打动自己”的情怀和细节，那该怎么办呢？没关系，只剩一个鱼头也是能做菜的，而且能做得很豪华，但前提是你要搞明白这是鲨鱼头还是普通的鲫鱼头。

就以我为例子，我很喜欢骑自行车，这是我的情怀，我的出发点，是永远能吸引我的东西。那么细节是什么呢？是有一天，我在风景如画的大学校校园里闲逛。我们学校的人口很多，地方很大，很多人骑自行车，所以停车的地方也很多。然后我发现很多停车的地方，都有不少锈迹斑斑、布满灰尘、轮胎没气的自行车，往往一堆就是几十辆，一看就知道弃置了很久，不用猜也知道，是以前的学生懒得带回去，索性扔在学校里。

你说，对其他学生来说，他会看不到这些车子么？当然不会，他“看到”了，但他没有“观察”，更没有反思，这就是情怀所导致的差异。

好，现在，我“观察”到了这个现象，我要写个小说。于是我开始胡思乱想，天马行空，想这些被废弃的车子会有怎样的过去和未来？

故事 1

内核：茫茫车海中的旧车子——每辆自行车都有自己的故事

关键词：单纯的回忆过去

主线：上帝视角描述几辆自行车的故事

故事 2

内核：1 的延伸，自行车之间的“十日谈”

关键词：回忆过去，但借用童话外套

主线：自行车活了起来，分别诉说自己的过去

故事 3

内核：茫茫车海中的旧车子——寻找自行车

关键词：忘却与寻找

主线：一个学生忘记自己把车子停在哪里了，因为这辆车对他有特殊的意义，于是四处寻找，于是又发生了别的故事……

故事 4

内核：和 3 相反，自行车失而复得

关键词：回归

主线：一个学生的车子被盗了，一个偶然的机会，他在那堆旧车子里发现了自己当年的爱车，于是想办法把它弄了出来，发现车子被改装过，然后开始推测当年车子失窃之后的故事……

故事 5

内核：4 和 3 的结合，自行车失而复得，发现新的线索，开始寻找

关键词：回归 + 寻找

主线：一个学生的车子被盗了，一个偶然的机会，他在那堆旧车子里发现了自己当年的爱车，于是想办法把它弄了出来，发现车子的空心车把里有一张情书。这是他之后的主人收到的？还是一开始是某个暗恋主角的人偷偷藏在那里的？于是他踏上了寻找真相之旅（出版商最喜欢这句话）……

故事 6

内核：和 5 相反

关键词：仍旧是回归 + 寻找，但主题是爱情

主线：男主角若干年后回到母校，发现那堆旧车子里有一辆是自己大学时代暗恋的女孩的车子，于是想办法把它搞了出来，然后慢慢回忆当年的故事，或者也在女孩的车子里发现了什么玄机……

一个线索，三种主干，六种变体。

你以为这就完了？不，一堆旧车子引发的小说才刚刚开始呢。我们接下去看：

故事 7

内核：茫茫车海中的旧车子——隐藏一辆自行车

关键词：藏车、误会、冲动

主线：男主角和同学发生了误会和争执，为了报复，悄悄把对方的自行车偷出来往学校的车海里一扔，然后装作不知道。这辆车自然再也不会被找到。后来又发生了什么变故，那个同学死了或者出国了。若干年后，主角回母校，偶尔发现那辆车子还在那里，于是开始回忆过去（甚至发现了当年一些事情的真相）……

故事 8

内核：和 7 相反

关键词：藏车、误会、冲动、原谅

主线：男主角和同学发生了误会和争执，第二天就发现自己的车子被盗了，怀疑是同学干的，却一直没有线索，耿耿于怀，然后又经过了很多事情，最后那同学死了（狗血么？记住，我们只是在天马行空），死得很壮烈，甚至是为男主角而死。故事的最后，男主角无意当中在那堆旧车子里找到了自己的自行车，知道了同学当年的做法，但早已原谅了他。

以上八种都是普通的青春回忆题材，那除此之外，有没有其他方向的发展呢？

故事 9

内核：茫茫车海中的旧车子——谁负有责任？

关键词：大学行政机构的官僚作风

主线：旧车子堆了这么多，却没有及时清理，学校有没有责任？于是有人提议了，写意见信了，相关的机构却在推诿责任……这是讽刺小说的写法，未尝不可。

继续，继续，故事的可能性还没完。除了普通学生，那些特殊身份的人呢？

故事 10

内核：茫茫车海中的旧车子——精明的商人

关键词：资源回收

主线：这其实是一个真实的新闻事件，某大学学生发现了这些废弃的车子，通过学校的关系将其拿出来清洗、修理、打气，卖 / 租给同学。现在的问题来了：这种做法算不算完全合法？会不会有眼红的人作梗捣乱？万一有的车子不是被废弃的呢？这下都说不清楚了……

故事 11

内核：茫茫车海中的旧车子——偷车贼

关键词：偷车贼发现了金矿

主线：大学里偷车贼很多，这些废弃的车子自然是个大宝藏。但是，聪明的不单单只有一个偷车贼，他也会有竞争伙伴。是互相合作还是各走各的路还是揭发对方鱼死网破？偷车贼会不会因此结识一个美丽的女生？一切都有可能。

故事 12

内核：11 的延伸

关键词：专门偷废弃自行车的贼

主线：承接 11 的构想，如果这个车贼只偷废弃的自行车呢？如果他偷了这些车子只卖很低的价钱呢？这算不算理想主义？还是被同伙骂成蠢材？他为什么会这么喜欢自行车？他会被发现么？他会被诬陷么？他这到底算不断盗窃？他的结局是怎么样？甚至，如果他就是这所学校的学生呢？

……

想到这里，我确定我被最后的那个构思所“击中”了，所以我决定要写它（参考短篇小说《马贼》，萌芽杂志 2007 年 3 月刊）。

其他的构思不够好么？也许是的，也许我只是一个口味独特的人，总之，那些是另一种形式的“切割下来的部分”。我只想出了 12 种可能性，别人可能想出 15 种、18 种，甚至 20 种可能性。从这些可能性当中选取最好的、你最擅长处理的角度，那么这个鱼头的加工手法就算选好了。

一般来说，越是简单的细节线索，发挥想象力的空间越大。相对之下，如果启发你的事件本身比较复杂，那么你的散发性思维空间相对会减小。我们就以本书第一部小说，鄙人拙作《若干年华》的“家教题材”为第二个例子，我们还是从最简单的构思开始一步步推敲：

故事1

内核：男主角第一次做家教——遇到美丽的女学生

关键词：恶俗

主线：理工科男生第一次做家教，就遇到了文科班的女生（一般而言这些女子的数学都不咋地），于是日就生情，背着女方的父母交往；但女生可能高三，所以男生不得不为了她的未来着想，暂时和她分开。等到女生进了大学，遇到了更加多的选择对象，就和我们的男主角说再见了。

还记得我一开始说的故事和鱼的比喻么？这1就是条河鱼，你能拿去侮辱很多编辑，除非那个编辑很久没吃鱼了。

但这只是我们发散性思维的第一步，没关系。

故事2

内核：1的延伸

关键词：女学生的表姐、或者男学生的高中同学

主线：把男主角的爱恋对象换成家教对象的表姐，或者家教对象本来就是个男生，他有一个高中女友，那么这样一来就是典型的三角恋。有志于搞言情的同学可以参考。

那么，我们能否跳出情爱的局限呢？当然可以。

故事3

内核：男主角第一次做家教——倾诉的对象

关键词：代沟、解惑、穿越

主线：这次家教的对象可能是主人公的同性，一个偶然的机会和家教对象谈起了功课之外的东西（根据我的经验，小学生不会和你的情感有太多的共同语言，高中生的壁垒意识又很强，而且有些已经很世故，所以正处于叛逆期的初中生是个不错的选择）。于是就展开了一场某某后与某某后的对话，其间穿插了主人公的初中回忆……

故事3似乎略微有点深度了，你还可以加入其他一些元素，比如《若干年华》成稿里的绯闻元素等等。你甚至可以设置为，家教对象和主人公是同一所中学的校友，这样更加能让主人公产生很多感慨（过了16岁，人都会开始恋旧）。

接下来，你还可以不断的眼神你的想象思维，发散，回收，发散，回收，一个个枪毙，或者整合。

好了，我们再回顾一下刚才的流程：

1）一个细节线索——〉2）天马行空的想象——〉3）枪毙掉不吸引你或者你不擅长的——〉4）得到你的“故事”原料。

在这个体系当中，“1”这个环节需要观察力，以及你对某种事物的好奇、兴趣和经验。“2”呢，往往不是几个小时或者几天的过程。它需要你不断的回忆那个细节，然后发散，再回忆，再发散，再回忆，再发散……就这样反反复复，也许要几个星期，你会发现你的小本子上记满了与之相关的各种情节。然后你才能进入第三个程序，也就是枪毙不合逻辑、不擅长、不了解的可能性……

直到这个时候，你终于开始了“好小说”写作过程的第一步……

小说解码
未完待续…

Novel Anatomy.01

变态大改造

年少如刀°

●改造前

《跟踪》（7000 字）

作者简介：

九苏，90 年的温州白羊男。QQ 好友印象的描述有“什么都懂”、“大叔”、“假证贩子”、“有原则”。其自幼好文，性格执著而温和，属于葛优在《非诚勿扰》里说的那种“外表时尚，内心保守”的人。平时喜欢码字聊天看电影，善于发掘生活中一些看似平凡无奇却意义非凡的事物。

●原稿提纲

第一章　我晚上在外面意外遇到女主角，心生好感，暗中一路跟到家门口。

第二章　好友长城打探到女孩的信息，我开始常在上次遇到她的地方等待。

第三章　我悄悄跟着女主角出去，却发现长城在和她约会，我和长城闹了个不愉快。

第四章　我和女主角短信往来，得知原来长城是她表哥（狗血党）。

第五章　我发现原来父母一直跟踪着我，知道我在早恋。

第六章　我到女主角家做客，发现长城原来也在跟踪我（防止我对表妹不轨）。

第七章　女主角要去国外学设计，我面临高三，故事结束。

●编辑意见

题材——七十分

叙事——结构平铺直叙，语言略显啰嗦

情节——看到第二章还没猜出长城是女主角亲戚的话，可以自觉退下

内涵——人人都有狗仔精神？

●改造监制

王若虚

●加入的改造关键字

审问、掩盖、保护、凶器、友情

{一}

吴警官：姓名。

钟沿：钟沿，闹钟的钟，沿海的沿。

吴警官：年龄。

钟沿：十七。

吴警官：知道为什么请你来么？

钟沿：知道……

吴警官：（抬起头）你别害怕，这不是在审问，今天过来就是请你配合查点事情，问完了你就回去上课，我和你们班主任打过招呼了，（笑）不算旷课。

钟沿：好，好。

吴警官：昨天晚上九点左右，你在人民大道吧？说说，当时发生了点什么？

钟沿：昨晚……我想想，哦，淋巴叫了几个人想教训教训徐俊，没想到……我只站在那看，没动手，真的。在场的还有个女孩，她应该目睹了全过程，而且应该是她报的警吧。徐俊血流出来后，淋巴就……

晚上刮起了冷风，淋巴带着钟沿来到人民大道的一个丁字路口，与他叫齐的九个兄弟见面。九点钟的路上冷清清的，没有白天朝气的生机。

淋巴的一个兄弟调查过，徐俊每晚十点左右都会出来买包香烟。果真，等了不多久，徐俊从巷子里出来了。淋巴带头一群人跑了上去，把徐俊围了起来。

在街灯的照射下，十个少年脸上表情凶狠，一个少年脸上显出害怕，还有一个人一脸镇定、嚣张。

淋巴推了徐俊一把，大声说，欺负我兄弟！徐俊后退两步低下头吸了口气，瞬间出拳向对方打去。淋巴嘴角挨了一拳，旁边的一群人立马朝徐俊脸上、身上乱打，朝徐俊腿上猛踢。而徐俊像一只失去常性的野兽，不抓别人，单往淋巴身上打。

钟沿傻呆呆地站在外围，不知所措。

突然，人群散开，地上有一滩血蔓延开来。

“啊——！”身后传来尖叫，这声音陌生但又熟悉。

一群人朝后看去，不知谁喊了一句“跑”，大家四散开去。淋巴拉着钟沿往巷子里跑，钟沿不停地扭头看身后的那个女孩，那个女孩面容失色。

跑进巷子的拐弯口，警鸣声从远到近的响起。

吴警官：淋巴？本名是叫付荣吧？他拉着你跑了，后来呢？

钟沿：我们跑到一个很黑的地方，他让我先回家，说这不关我的事，然后就往别的地方走了，我想追的，但当时，没力气了。

吴警官：那你就站在那里看着他们打架？看到是谁捅伤了徐俊么？

钟沿：这我没看见，当时太混乱了。

钟沿回到家洗了个澡，把房间门反锁了起来。他看见是淋巴拿刀捅了徐俊，淋巴现在能跑哪里去呢，徐俊现在是伤还是死？

钟沿感到前所未有的惶恐。

第二天去学校，钟沿害怕有人知道昨晚的事。但好像风平浪静，与往常没有任何不一样。唯一有情况的是，淋巴没来上学。

早自修结束，钟沿到厕所给淋巴打电话，但一直处于关机状态。他心里很着急，担心淋巴是不是被抓了，脑子里“嗡嗡嗡”的响。

吴警官：付荣跟徐俊有什么过节，干嘛要叫人教训他？

钟沿：他们之间原来有什么过节我不知道。昨晚是因为，那天下午徐俊打了我，我告诉淋巴，他就想为我出头。

吴警官：那徐俊为什么要打你？

钟沿：他脑子有病！昨天下午我去隔壁高中玩，

然后在那里上了趟厕所。徐俊也在那个学校，结果遇上了，谁想到他就打我了。你看，我这边脸还有他打的证据呢。本来我只是想带上淋巴然后找徐俊算帐，没想过要搞太大的动静。

昨天下午第三节是体育课，老师没来，自由活动。淋巴觉得呆在学校里没意思，便和钟沿翻墙去隔壁的学校玩。淋巴的女朋友就在那里读书，但钟沿去并不是为了见淋巴的女朋友，而是为了能在白天见到另一个她。

隔壁学校是所重点，教学楼建了好几幢。钟沿跟淋巴找了三幢楼才找到他女朋友上课的教室。淋巴的女朋友见他来了，翘课出来陪他。钟沿不好意思当灯泡，向着走廊尽头走去。希望能在不意间往一间教室里瞄上一眼，就能看见她。

可惜，未能如愿。

放学铃声响起的时候，钟沿站在一幢教学楼下等淋巴，等了十多分钟，这幢楼上课的学生下楼不断地从钟沿身边经过。当从钟沿身边经过的人渐渐变少，淋巴还没出现，他便去了一趟厕所。

厕所里没人，钟沿洗了把脸，正要把脸甩一甩，有人走了进来。钟沿抬头对着镜子，镜子里反射出他的脸以及身后的徐俊。

徐俊一把把钟沿推开，害得他肩膀撞到了墙上。徐俊洗了洗手，钟沿来气了。想起徐俊老是缠着那个女孩，借着这股气，钟沿指着他道：你不要再找蓝星星了！

徐俊愣了一下，或许他在想钟沿怎么知道他的。他用不屑的眼神朝钟沿看了看，没说什么话往厕所外走。刚走了几步，趁钟沿松懈防备，徐俊却一转身给了钟沿一脚，紧接着又往脸上扇了一巴掌。钟沿倒在地上，腹部隐隐作痛，右边脸火辣辣的在痛。

算个什么鸟，敢这么跟我讲话！说完，徐俊走出了厕所。

钟沿扶着墙慢慢地站了起来，掏出口袋里的手机。抛开女朋友火速赶来的淋巴在厕所看到钟沿脸上的淤青，二话不说拿起手机接连打了几个电话。

淋巴说，这事一定要解决。

钟沿问淋巴要怎么解决？他拍拍钟沿肩膀，说你放心吧。

吴警官：徐俊现在躺在医院里，幸好没死，要不然捅他的人得判重罪。你们学生干什么不好，非要打架，还带刀，让父母担惊受怕，多不好。你这个朋友，付荣，为什么叫他淋巴？

钟沿：这个不大清楚。

吴警官：是么？我们调查过，他在附近的混混圈小有名气啊，很会打架，对吧？

钟沿：淋巴……淋巴他不是混混，只是有时候喜欢跟着别人小打小闹，但不能跟徐俊比的。我记得有一次在校外看过一场群殴，场景很像香港片《古惑仔》，但没那么血腥。当时带头的大哥就是徐俊，他带着二十几个人殴打几个得罪他们的人。警察一来，他们就散了，警察没有抓到人，也没查出什么，被打的人也不敢说谁做的。

付荣原本姓林，后来爹妈离异，母亲再嫁，他就跟了继父姓付。当初他拜过几个校外的兄弟，排行老八，于是就叫林八，久而久之，变成了“淋巴”。

其实谁都知道，淋巴算半个流氓。别看他成绩中等，平时在学校里上课，但时常翻墙出校门为朋友出头打架。淋巴是钟沿的同桌，也是钟沿很好的朋友，也可以说是钟沿的好兄弟。两个人基本上无话不说。淋巴讲义气，为人大方，人随和，善交人缘，各个学校都有他的朋友。

吴警官：有这件事？我会去调查的。这么说来，是你跟徐俊有过节。那把刀是你带给付荣，让他替你报仇的？

钟沿：没有，绝对没有。那把刀是谁的我不知道。本来我就是想让徐俊别再欺负我，又怎么会那么狠，带刀给淋巴做这么傻的事呢？

吴警官：世上没有什么事是不可能的。捅伤徐俊的刀，我们到现在都还没找到。你要是知道就说出来，配合我们尽快了结这案子。

钟沿：我真不知道。我看都没看到，摸都没机会摸到。

吴警官：或者，是不是你把刀藏了起来？呵呵，据我们调查所知，你在学校的时候，带着一把水果刀。现在那把水果刀在哪里？嗯？又为什么要带水果刀来学校？

钟沿：我……

{二}

吴警官：（点了支烟）你不抽烟的吧？

钟沿：（摇头）好吧，我是带水果刀来学校，可刀在前几天就不见了，我以为是被同学拿过去，也没在意。我带水果刀去学校是因为我喜欢吃水果，我每天都会带一个苹果，然后削了吃。

吴警官：（笑）有这么巧？不对吧，如果真是要削水果吃，你完全可以用削皮刀——那种在水果皮上推一推就能把水果皮削下来的刀，来削苹果吃。呵呵，你这个谎瞒不过人的。

一阵沉默。

钟沿：（声音很轻）其实，我带水果刀是因为要保护一个女孩。

吴警官：女孩？

钟沿：对，她叫蓝星星，隔壁学校的。昨晚上她也在场，我刚才说的目睹过程的女孩就是她。

当淋巴拉着钟沿逃离流血现场时，钟沿不断回头看的那个人，是蓝星星。

钟沿不知道为何那么晚了她会出现，更不知道为何有人在帮她教训让这个她讨厌的徐俊时她会报警。是她的单纯，还是她的善良？

为什么是蓝星星报的警？这件事说起来，应该跟她有间接的关系。

后来，钟沿从一个隔壁学校的朋友口中得知，那晚蓝星星是因为她们班的数学老师要求部分学生留下来培训，所以十点多她出现在人民大道上。蓝星星看到有一群人像在打架，并且似乎听到徐俊的声音，觉得大事不妙，便打电话报了警。

吴警官：带刀保护女孩？这是什么意思？

钟沿：蓝星星不喜欢徐俊，但徐俊老是缠着她，还对她毛手毛脚的。就说昨天下午放学后，蓝星星从教学楼出来，徐俊还拉着她不让她走。这混蛋不止一次这样子了，我见到的就有好几次。

吴警官：你是几时开始带刀进行所谓的保护蓝星星？

钟沿：记不太清楚了，大概是第一次见到徐俊纠缠蓝星星之后。

昨天下午，在走进厕所之前，钟沿在教学楼楼下没等到淋巴，反而等到了让他又喜又厌的一幕。喜是见到蓝星星从对面的教学楼出来，厌是她身后跟着一个讨厌的人——徐俊。徐俊想拉住蓝星星的手臂，蓝星星甩了一下。徐俊还想纠缠下去，好在学校保安出现了。蓝星星趁机离开，徐俊则被保安拉住问话。

钟沿悬着的心悄然落下。

钟沿第一次见到徐俊时，徐俊也在调戏蓝星星。

那晚将近十点蓝星星才走在人民大道的路上，她打扮得很漂亮，穿着蓝白短裙。当然，钟沿跟在其后。在人民大道上走的行人寥寥无几。他们俩一前一后地走着，钟沿想，她还不知道有个男孩跟在她的后面送她回家已经很多个晚上了。

她在一个亮黄的路灯下停住脚步，看了一下地上的长影，她踮起了脚尖哼起小调旋转了几个圈子，裙子随风微微飘起。这不是钟沿第一次见到，有好几个晚上，她会在僻静无人的时候，随性跳起。

她一定是学芭蕾的，钟沿深深的为之所迷。

谁料在有个拐弯处走出两个男的，拦住了蓝星星的去路。一男着黑色马甲，一男穿蓝色运动服，他们两人都留着地痞的金色长发。着黑色马甲的男人居然伸手摸了一下她的下巴。

什么东西！钟沿在心里骂道。

钟沿向前跑了两步，然后停住了。

现在冲上去一挑二，敌众我寡，必定吃亏。钟沿转了两圈眼珠，掏出手机打了一个电话出去。

三分五秒之后，淋巴开着电动车像救火队员一样赶来。也就在这时，蓝星星脱困，从那两男人身边跑开。那两男人见蓝星星跑远，哈哈大笑起来。钟沿恶狠狠地看着马甲男，对坐在车上的淋巴说，就那个穿马甲的男人！

淋巴看了一眼：这鸟叫徐俊，我早看他不爽了。今晚先放过他，迟早有一天我会教训教训他！

钟沿点了点头。既然蓝星星已经没事，再生事端也不好。

结果随后一次见到徐俊，又是他欺负蓝星星。

对，还是将近十点左右，蓝星星走在人民大道上。这次她没有直走，而是拐弯抄近路往仁英路方向。蓝星星要走进巷子时，徐俊抽着烟正好走出来拦住了她。这次就徐俊一个人，没有上次他的那个兄弟。

钟沿慢慢地摸出放在包里的水果刀，想，是时候表现了。正拿出刀要上前的时候，有个人却骑着自行车从钟沿身边飞驰而过。那人好像有一米八，很健壮的样子。他在离蓝星星几步距离的时候停下，把车放倒地上，像英勇的骑士那样冲上去直接给了徐俊一拳，然后两人缠在一起厮打起来。结果是：骑士挨了几拳，嘴角流出了一些鲜血。但徐俊似乎伤得更重，边往巷子里跑边指着骑士说你小子等着！

看完两人的决斗，钟沿把刀收进包里。后来钟沿才知道骑士是隔壁学校篮球队队员。他此刻很庆幸自己没有拿着刀上去，一来说不定真会出什么事情，二来挨上那几拳的就是他了。

蓝星星掏出纸巾为骑士擦拭嘴角的血，骑士有些不好意思拿过纸巾自己擦了擦。骑士牵着车，蓝星星走在他的身边，两人消失在夜灯之下。

钟沿没有跟在蓝星星后面看着她进家门，管自己回家了。

在十一点的时候，钟沿给蓝星星发了一条短信。那时候钟沿跟蓝星星聊得有点熟了，钟沿在短信上问：今晚那个流氓欺负你，你没事吧？

原来有些事钟沿还不知道，蓝星星回复道：你怎么知道的？我没事。他叫徐俊，以前讨好过我想我当他女朋友，我一直没有理他。

钟沿没有继续跟她发下去，躺在床上，很快就睡下了。

骑士保护蓝星星成功，接下去的每晚都送她回家。

一个星期后，钟沿改变了回家的路线。钟沿不再走人民大道过，转而走建兴东路，他不想看到让自己心情不好的事与人。

骑士与徐俊决斗那件事后，徐俊没有放弃追求蓝星星，一直还缠着她。

那天下午，天灰蒙蒙的，出门前，钟沿带了一把伞放进单肩包里。雨是在放学后钟沿走上人民大道跟在蓝星星后面开始下的。那时骑士不在身边，蓝星星只有一个人，她怕上第四节晚自修放学太晚再次遇到徐俊这类的混混，故提早回家。

雨“哗哗哗”的越下越大，蓝星星跑上台阶避雨。

雨一直在下，钟沿知道这是上天给他的一个机会。

正在思考该不该送伞上去，徐俊再度出现了。他撑伞踏上台阶，站到蓝星星旁边，伸手搂住她的肩，开口讲话。钟沿站得远，听不见他们在讲什么。但他看见蓝星星并不领徐俊的情，黑着脸侧身对着他，并走开几步。徐俊没有生气，还笑嘻嘻地对着蓝星星。

终于是时候了。

钟沿期待徐俊有进一步的过分举动，同时正要摸出包里的水果刀，却忽然停止了动作。不知道为什么，钟沿不想让蓝星星看到他，更不想让蓝星星看到他拿着武器。

有个隔壁学校穿校服的女学生从钟沿身边走过，钟沿碰了一下她的手臂，问，能帮我一个忙吗？他指着远处说，帮我把伞送给那个女孩吧。那女生打量了钟沿一下，点了点头。钟沿把伞合起来交给女生，自己淋着雨。女生把伞送到蓝星星面前，对方迟疑了一下。女生往钟沿刚才跟她交谈的方向指去，钟沿早已离开原地。蓝星星接了过去，打开伞走下台阶，留下徐俊一个人呆呆地站着。

雨滴不止地从钟沿头发上滴下，他却打心底地笑了出来。

{三}

吴警官：带刀护卫啊，很浪漫嘛。那付荣呢？他知道不知道你带着刀的事情？

钟沿咽了咽口水，吴警官站起去饮水机旁拿起一次性杯子给他倒了一杯热水。钟沿吹了吹杯子里水，小心抿了一口。

钟沿：同学们都知道我带刀，有时候他们买了水果，都会向我借刀削皮。

徐俊摸了一下蓝星星下巴的那个晚上，钟沿回到家，越想越不对：如果那个叫徐俊的再次去欺负蓝星星怎么办，我还是打电话给淋巴然后傻呆呆地站着等他来一起解决？这不太可能。如果我冲上去，或许徐俊见到有一个男生保护着蓝星星下次就不会再对蓝星星做什么。解围后，说不定这样我就可以正式结识蓝星星。想想真是，今晚我真不应该畏畏缩缩。

钟沿对他那晚的懦弱感到羞耻，他下楼到附近的杂货店去买了两罐啤酒，在路上猛喝了一罐，回到自己房间喝下另外一罐。他坐在椅子上望着天花板一会儿，然后走到客厅拿了一样东西放进单肩包里，他笑了笑。

酒有时候真是一个好东西，能让人精神麻木也能壮起胆子。喝酒无非为二：一为高兴；

二为解愁。钟沿那晚喝酒，为解愁还为壮胆。钟沿壮着胆子给蓝星星发了第一条短信。

钟沿酒量不行，很快就倒在床上。手机短信铃音响起的时候，他已经没有力气去打开，他眼睛模糊地看到手机屏幕上闪现蓝星星三个字。

隔天醒来，钟沿差点忘记了短信的事。漱洗完，拿起手机想看时间，才发现蓝星星回复的短信。钟沿有些兴奋，更多的是惊喜。钟沿按打开键，像每个人收到陌生人发来的陌生短信一样，她短信上写道：你谁吖？

钟沿按退出短信内容页面，没有马上回复。因为时间来不及了，如果不在十分钟内赶到学校，那就会迟到。站岗的教导处主任对迟到的学生惩罚是站在保安室门口吹一个早自修的冷风。钟沿可不想那样。

钟沿到客厅茶几上拿的是一把水果刀，为了夜晚能保护蓝星星安全回家。

很不巧的是，上早自修的时候，水果刀被发现了。幸运的是，不是别人，就淋巴知道。钟沿从单肩包里拿书的时候不小心把刀柄露了出来，正好淋巴转头看见，伸手把刀拿到桌底下看了看。由于他们坐的位置是第四组靠窗最后一排，淋巴拿刀没人看见。淋巴把刀放回钟沿的单肩包问，你小子胆子不小，带刀来学校干吗？宰了班主任？

没什么。钟沿淡淡地说。淋巴也没有再问，转头看他藏在教科书下的色情小说。钟沿开始有点害怕，既然淋巴会发现，其他的人也会有可能发现。如果别人问，钟沿还这么说，肯定会被别人怀疑。钟沿也不想让别人知道他带水果刀是为了保护一个不认识的女孩子，这样子说出来会被人笑话。

为了不让别人怀疑，钟沿打算每天都带一个苹果，带刀是为了削苹果的皮。其实钟沿并不喜欢吃水果。每次钟沿把苹果削完，淋巴就把苹果抢去，对着钟沿笑笑吃起来。

后来，班里的同学都知道钟沿有一把水果刀，为了给苹果削皮的水果刀。

吴警官：（掐灭香烟）那个叫蓝星星的是这件案子的重要证人，容我多问一句，你跟她怎么认识的？

钟沿：谈不上认识，我见过她，她到现在都没真正见过我。一次走在人民大道上，偶然看到她的。接下去的几个晚上，我都看见她，我就每晚暗中送她回家了。

钟沿喜欢白天骑车，晚上走路。他觉得夜晚是美丽的，能在夜晚走路回家更是一种美丽的享受。

在一个夜晚放学回家的路上，美好的事发生了。

那时钟沿跟他同学长城想一起去吃夜宵。走在人民大道的路上，长城突然像发现世间至宝一样用他的肘碰了碰钟沿，给钟沿使了个眼神，对钟沿说，你看，那妞，身材真好。

钟沿看向前方，前方确实有个女孩在走着。她扎着一个细长的马尾辫，上身穿着粉丝长袖衣服，下身穿着深蓝牛仔长裤，背着粉色书包，大约一米六的娇小个子，看起来很卡哇伊。

上去瞧瞧正面？长城自顾上去了。

钟沿也想一探究竟，快步跟着长城后面。在离女孩几步距离的时候，他们俩脚步跨大了一些。等他们走在女孩前面，两人不约而同的往后转头瞄，迎面相撞，女孩也看着他们。钟沿跟长城不好意思地转过了头，继续走他们的路。那女孩前面留着长刘海，斜斜的放下来，有着一双明亮的大眼睛。看了她一眼，钟沿的心不自觉的扑通地跳着。

当跟女孩有一定的距离，长城轻声对钟沿说，那妞还真不错。说着，长城又向后面望了一眼。这次钟沿没有往后看去，反而抬头看向今晚有着璀璨星星的夜色。

钟沿以为见过那个女孩一次后就再也不

会有机会见到，可不是这样，第二天第三天第四天连续几个他都看见她走在人民大道的路上，还巧的是，她也过仁英路，但至于到底住哪儿他就没有跟着走下去。

一次遇到算是巧合，两次三次四次之后呢？这应该是缘分。

第五个晚上放学回家在人民大道的路上又见到她，钟沿嘴角向上微翘，下了一个想了很久的决定。没错，他要跟踪。仁英路是一条商业街，路头跟路尾虽然有商店，但不及路中的步行街人多、热闹。那个女孩很乖，对着这些商店看也不看，管自己往前走。一路跟踪下来，钟沿没有被发现。终于，在要到路尾的时候，她拐弯走进了一条小巷子，从后门进了她自己的家。

钟沿站在商铺门口，抬头往对面楼上看，一片漆黑。等了几分钟，一栋楼三楼的电灯亮了起来，一个女孩晃动的影像透过白色窗帘映射出美丽画面。钟沿呆呆的仰头望了很久，直到她把灯光熄了。

回到家躺在床上，钟沿对着手机屏幕不停地看。手机上有一张她的图片，是跟踪她的时候偷拍的，只有背影。要是知道她的名字或者能知道她的更多信息就好了。钟沿美美想着。

接下去的几天晚上，钟沿都跟在她的后面。她应该是隔壁高中的，因为有一个晚上她穿着那所学校的校服。她总是一个人回家多，即使有同学跟她一起回家也是女同学。她应该没有男朋友。钟沿在心里说：这么漂亮的女孩子，一个人走夜路可能会遇到危险。

有一个晚上，钟沿差一点被她发现。步行街上人来人往，就算是九点多，还是有些拥挤。在一个大的超市门口，有个五六岁的小男孩在玩耍，跑着跑着不小心摔倒在了她的面前。她笑着蹲下，把小男孩抱起，用手擦了擦小男孩流出来的泪，拍了拍小男孩膝盖上的污尘，还给小男孩松了的鞋带打了个蝴蝶结绑了起来。绑好后她站起来，突然一回头，好像发现了有人跟踪她，眉毛夹紧眼神透着警惕。钟沿当时心有点慌张的跳动了一下，可马上就恢复了平静，装成路人把手机放到耳旁假装讲电话小步移着。她张望了一会儿，眉毛舒展，继续走她的路。

虽然当时还不知道她的名字，但钟沿还是继续做护花使者暗中送她回家。他不知道这样做有没有什么意义，可他总是不自觉的晚自修一放学就到人民大道十字路口等她走过，然后跟在她的后面。

或许，这已成为一种习惯。

有两个晚上，钟沿无法暗中送她回家，她改变了回去的时间。两所学校的晚自修都是到九点十分结束，一共三节。但那几天，女孩都上了第四节晚自修——那是自觉、自愿留下来上的。知道了那个女孩开始有上第四节晚自修，钟沿便也留下来上第四节晚自修，然后在第四节下课前十分钟就跑出校门，在老地方等候她的出现。在等候十五分钟到二十分钟之间，她便出现在了人民大道上。

因蓝星星上第四节晚自修，后来就有了徐俊摸蓝星星下巴、骑士出现与徐俊决斗等事件。

{四}

吴警官：既然只是跟踪，你怎么会知道她的名字？

钟沿：（拿起杯子“咕噜”喝了一大口）淋巴叫他隔壁学校朋友帮我查的。我也没想到居然能查到，还查到蓝星星的手机号码。

那时钟沿还不知道她叫蓝星星。在下午最后一节数学课上，数学老师有气无力地讲着数学练习题，钟沿跟淋巴在下面聊了起来。钟沿把他这几天晚上跟踪那个女孩的事讲给了淋巴听。

淋巴越听越兴奋，情不自禁对钟沿说了一句，原来你有这嗜好啊！他听完后说，晚上带我去见见，我帮你把她号码要来。钟沿觉得这样不是很好，又不认识的问来有什么用呢？钟沿搪塞，再说吧。

虽然搪塞“再说吧”，可钟沿内心很迫切地想知道有关她的一些信息。晚自修一放学，钟沿便拉着淋巴往人民大道方向走。

女孩出现的时候，淋巴望了一眼，点点头：嗯，眼光还行。说完拿出手机拉近焦距定格，对着那个女孩拍了一张。

你……你这是干嘛？钟沿问。

拍照。淋巴对着手机屏幕说，让我兄弟去查下。

钟沿从不怀疑淋巴的能力，也不怀疑淋巴是否能遵守承诺，他答应的事一定会做到。钟沿开始疑惑：我要那个女孩的资料干嘛，要来了又能怎么样？即使要到了，主动跟她联系了，她会理我吗？

那个女孩离他们二十米左右的距离从他们眼前走了过去，钟沿看着她渐渐远去。淋巴伸出手在钟沿眼前晃了晃，说，人都走了，你还看什么。

青春的年龄有无限的美好有无限的憧憬有无限的幻想，也有无限的迷茫、困惑以及无法预料的怅然若失。几天后的中午，钟沿跟长城一起在学校附近饭馆吃饭。钟沿刚坐下吃了一口，手机短信铃音就响了，淋巴发来的。钟沿打开内容，长城的头就伸了过来。

哟，这妞是谁啊？长城用色迷迷的眼睛看着钟沿问。

没谁。钟沿把手机放进裤袋里。

哦。长城好像知道了什么：我这几天看见你一直跟踪那个女孩，是她吧？

钟沿抬头看了长城一眼，难道这几天长城一直跟着他？

你别这样看我，长城说，我只是回家的时候看见你跟在那个女孩后面而已。

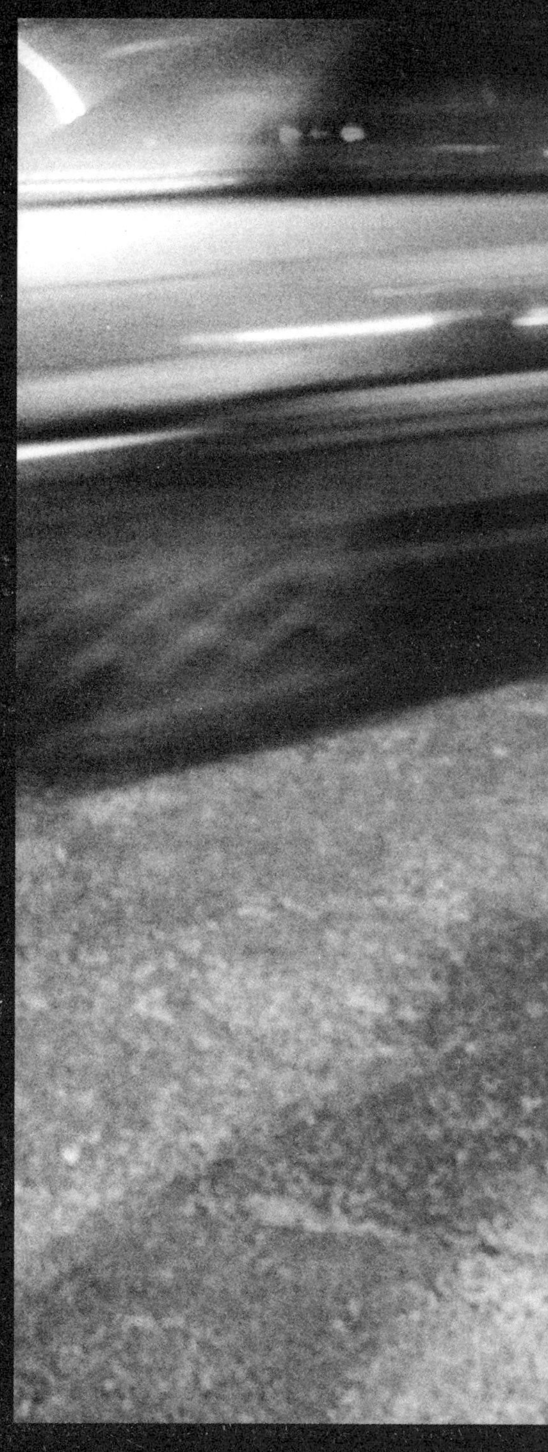

淋巴发给钟沿的短信内容是：蓝星星，16岁，高一，目前未见到有处对象。钟沿往下按，接着是QQ以及手机的联系方式。虽然钟沿有了蓝星星的QQ以及手机号码，可他就是没有勇气迈步第一步——加她QQ或者发第一条短信给她。钟沿有去过蓝星星的QQ空间，看过她的照片，是她没错。钟沿在手机上输入"你好"两字，但按不下那十一位数的号码发送出去。钟沿就这么一直把两个号码存在手机里。

直到那晚钟沿看到徐俊调戏蓝星星，无力保护蓝星星，喝了两罐酒，迷迷糊糊才发了第一条短信。

吴警官：徐俊欺负蓝星星，你为了保护蓝星星带刀，淋巴帮你查蓝星星的信息。这么说来，你们都认识蓝星星。昨晚蓝星星报的警，你倒不生气？

钟沿：她比较单纯吧，见到自己讨厌的人被打，居然还报警……其实这也不能怪谁，我们也有不对的地方。

事情往往在人绝望的时候有好的转变。

把蓝星星放心而又悲伤的交给了那位骑士保护之后，钟沿一直走那条汽车很多的大马路，吸了一个多月的汽车尾气。但在一个无星星无月亮无风的晚上，他又再次走在了人民大道。其实不是他想走这条路，主要是放学后碰到长城，长城硬拉着他一起走。人民大道还是以往的那股气息，学生大军不断涌现。

走在学生大批人流中，钟沿突然看到不远处有个熟悉的身影，定睛一看，是她，蓝星星。她不是上第四节晚自修么，怎么一下课就回家了呢？钟沿往她两侧瞄了一眼，不见那晚保护她的那个骑士在身旁。钟沿也没在意，毕竟一对恋人一两个晚上没有一起回家很正常。

长城不知道个中缘由：看，前面那女孩，你以前跟踪的那个，前段时间都有个男的跟她一块儿走，怪了，这星期怎么就她一人了。

钟沿满不在乎：人家的事，我们管不着。

口里说是一码事，心里想着又是另一回事。钟沿想她应该和那个骑士分手了，要不然怎么会一星期没一起走？回到家钟沿立刻给她打了个电话，他想把心中的疑问问出来，他急切地想知道答案。虽然一个多月没有暗中送她，但平时也有发发短信聊聊的。这次钟沿能鼓起勇气给她打第一个电话，有很大进步。

接通了。

喂……钟沿发出一个音，停住了，不知道要讲什么好。

你说话。蓝星星见他没反应，轻柔地说。钟沿顿了一下，故作轻松：今晚怎么没看到男生跟你一起走呢，原来不是有个天天送你回家的吗？

电话那头沉默了一会，让钟沿有些懊悔——也许他不该暴露自己的。蓝星星果然没有正面回答，而是反问钟沿是不是天天跟踪她，才这么清楚她的情况。钟沿当时愣住了，他没有想过怎样回答，所以回答得很拙劣：只是同路罢了。

说完就挂了电话。

蓝星星再打过来，他一一按了。在沙发上坐了许久，钟沿才起身打开客厅的灯。茶几上，水果盘旁放着那把水果刀。钟沿看着它不禁的笑了笑。

他和它都要继续自己的使命。

重新带上那把水果刀继续保护蓝星星，再次碰到徐俊就在那场雨里。钟沿把雨伞给了蓝星星。因为淋了大雨，第二天他一起床就感到头有些疼，摸摸额头发烫。钟沿吃力地漱洗了一下，骑车去往学校。一到教室，他就趴下睡去了。

淋巴却在这天给他带来了好消息。钟沿挂掉蓝星星的电话之后，只能托他去打听消息——谁叫他女朋友和蓝星星在一个学校呢。原来，那个篮球队的骑士和蓝星星只是认了兄妹关系。前段时间骑士谈了个女朋友，每天护送回家的对象就换了人，于是蓝星星千里走单骑，给了徐俊可乘之机，也给了钟沿又一次暗中护花的机会。

而自从第一次跟钟沿通话之后，蓝星星每每走在人民大道的路上，时不时地会往后转头。她一定知道，在她身后一群学生大军中有一个就是钟沿。但她看不到钟沿，更认不出来。钟沿总是躲在一个不起眼的角落跟着她。有一次蓝星星发来短信说要见见他，钟沿沉默了，没有回复。

见面的话，钟沿不知道该讲些什么，更为尴尬。

每晚能跟在蓝星星后面，能暗中送她回家，这就够了。见面、并肩相走是多余了的。

{五}

拘留所。

付荣看上去很憔悴，两眼无神，神情也不知道是麻木还是坦然。

钟沿：淋巴。

淋巴：（诧异）你怎么来了？

钟沿：警察来学找我问昨晚的事，我说想见你，就带我来了，但只给两分钟。

淋巴：昨晚的事儿和你没关系，找你干吗，这帮条子，尽会瞎扯的。

钟沿：（看看边上的值勤民警，轻声）他们没打你吧？

淋巴：（来了精神）哪儿能啊，再说了，我会怕哪个？倒是我那些兄弟，也不知道现在怎么样了，你要是在外面遇到他们，就告诉一声，说淋巴我活得好好的，等我出来，还找他们喝酒。对了，他们说徐俊没死？

钟沿：嗯，轻伤，大概住一个月就能出来。

淋巴：妈的，我指不定要关几个月呢，早知道昨晚下手再狠点，不让他继续出来祸害……

钟沿：别说了，别说了。

淋巴：（笑）好，好。对了，你知道是谁报警的么？妈的，怎么那么多管闲事，老子可是为民除害，奶奶的。等我出去了，非把报警的人揍一顿！

钟沿想告诉淋巴一个真相，但开不了口。昨晚他刚逃回家没多久，蓝星星就给他打了一个电话，他犹豫了足足十秒才接起来。

蓝星星：你在家么？

钟沿：在，怎么了？

蓝星星：前面我在人民大道那个路口看到一群人打架，好像还听到徐俊的声音，吓死我了，你不在那里面吧？

是很关切的语气。

没有。钟沿撒谎。

那就好……我知道你一直跟着我，今晚我看到他们在那里打架，天太黑，我也看不出来有些谁，就听到徐俊在里面。吓死我了，我还以为他发现了你，专门找人截你，所以就报了警。你没事就好，呵呵。

蓝星星笑着挂了电话。

钟沿听完后手机瞬间滑落地上，没想到是这个情况。在这慌乱的夜里，钟沿感受到了隐隐的一丝温暖。

淋巴见钟沿脸色发白，讲：你别怕，这次没你的事儿，他们找你问话，没主动把你带来，就说明没事儿，这种经验我多了去了。

边上的民警看看钟，提醒：两分钟到了。

淋巴：（瞟了他一眼，对钟沿）对了，你抽空去趟我们学校，跟我女人说，让她放心，她的生日我去不了了，礼物日后补——还有，你以后放学也早点回家，对你女朋友好点儿，记得每天削苹果给她吃，呵。

民警：（走过来）回去吧。

淋巴：（不满）扯什么扯，老子会走路。（转向钟沿）是你那个高个子女友，我走了啊兄弟。

钟沿到现在都没女朋友，这个淋巴是知道的。就算他把蓝星星看作钟沿的女友，可是蓝星星才一米六的身高，无论如何也算不上高个子。倒是学校操场后面有棵很高的银杏，淋巴曾经调侃他说，你再找不到女朋友，就找这棵树做你女朋友算了，跟它谈恋爱吧。

{六}

淋巴捅伤徐俊的事在校园里传开。长城或许听到什么风声，跑过来安慰钟沿说，不管是不是因为你，淋巴打徐俊是在所难免的，他们早已结下仇怨。你的事，只不过是淋巴打徐俊的一个借口罢了。

不管长城说的是不是真的，钟沿总感觉对不起淋巴。

因为伤人事件损害了学校的声誉，学校开除了淋巴的学籍。因调查清楚，钟沿在那晚没有动手，只给了他一个严重警告处分。

其实，这些都已不重要。

淋巴被判进了少教所。钟沿内心除了愧疚，还是愧疚。

钟沿挖出淋巴暗示他埋在学校银杏树下的刀，的确就是在不久前掉了的那把水果刀。刀刃上还残留着黑色血迹。他用纸巾包好放进单肩包，骑车来到海边，将这凶器用力地往海面一抛。在太阳光的照耀下，水果刀闪了一下耀眼的光芒，随后沉入海面，随着海流飘走。

保护她的刀子没有了，以后该怎么办呢？

还是去当面找她吧。少年这样想着，然后转身跨上了他的自行车。

End

《年少如刀》幕后

初稿《跟踪》的灵感来源是09年暑假一个晚上九苏出去散步，然后看到正前方十二点钟方向有个花姑娘，九苏便跟着她走了一段路。那个晚上回去，就开始写了。或许RP爆发，一天内写了四千多字，这是之前从来没有过的。再过了两三天初稿完成，然后飞快的被“一番队”队长王若虚当场击毙。

女主角蓝星星是有这么个原型。高中的时候，九苏有个关系挺不错的学弟，而他班级有个长得挺不错的女孩。有好几个夜晚，他就偷偷跟在那个学妹后面。九苏说他当时没有图谋不轨，但王若虚在枪毙其稿子之余表示强烈不信。

九苏是一个非常非常有韧性的作者，首先是被有“一番队大魔王”、“稿件狙击手”这类荣誉称号的王若虚枪毙了无数次稿子，仍旧不依不饶，终于磨出了《年少如刀》。尤其是改三稿的时候，王若虚觉得里面女主角走在街道上的描写得不够浪漫，无法让读者共鸣男主角带刀保护她的那种美好与冲动：

“你难道从来没走过那种浪漫的小路么？比如厦门的？”

“没有。”九苏如实回答。

28个小时之后，QQ上——

九苏哥：“我到厦门了。”

王若虚：“……”

ZER零

Novel Anatomy.zer零

Name: 小饭

小饭，80后作家，供职于《独唱团》。1982年出生于上海，毕业于华东师范大学哲学系。曾在《收获》、《十月》、《萌芽》等期刊发表小说；先后为《青年报》、《外滩画报》、《上海一周》等媒体开设专栏。出版有《不羁的天空》、《我的秃头老师》、《毒药神童》、《我年轻时候的女朋友》、《蚂蚁》、《爱近杀》等。长篇小说《婚前教育》正在创作中。

零号档案　小饭

对话小饭

PART ONE

Text by 刘媛 胡楠

从《青年报》到《独唱团》

记者：我们都知道文化圈最近有件大事，就是韩寒办的刊物《独唱团》首期上市，小饭你正好就职于《独唱团》，而在此之前你又是在《青年报》工作，能否问下你当时是在怎样的机缘之下跳槽去了《独唱团》的呢？

小饭：我其实一直都比较欣赏韩寒，以前在人群中抬头张望，想看看有谁值得支持一把，就这么老看见韩寒。于公于私，韩寒都是值得学习的。当时《独唱团》招干将，有朋友推荐，加上恰好之前和韩寒在业务上有点接触，就这么还算顺利地实现了“跳槽”。真的，韩寒挺好的。零距离接触了几个月后可能更有发言权了吧。

记者：《独唱团》作为一份万众瞩目的刊物，势必会收到非常多的小说投稿，你负责小说审读会不会觉得压力很大？会否影响到你自己的写作创作？

小饭：我主要负责短篇小说的审读。实际上好的小说不是很多，尽管来稿量的确很大。现在文笔好的作者都不大写短篇，而是希望写成单行本，方便出版；另一部分作者文字功底不太好，可能受了一些市面上不好的作品的影响吧。相比之前，看稿的时间多了，此前我很少看同龄人的作品，尤其是短篇小说作品。当然好处也有，就是我的自信心比之前有所提高。

记者：在你眼中韩寒是个怎样的 Leader ？他有哪些优点是只有和他一起工作过的“战友”才能体会到的？

小饭：韩寒不让我们叫他老板，反而打电话时经常叫我“饭总”、“饭老师”之类，你看这是多乖巧多能讨属下欢心的领导啊。成为“战友”之后，我强烈感到韩寒很“有种”，是那种胆大心细的人。举个例子，有次他让我坐他的摩托车，我抱着他的小蛮腰，半夜在乡间空荡荡的马路上飞驰，虽然我双手按照他的要求十指相扣，和他的背脊深情相拥，当他拍了拍我的手（之前说好的，他加速之前会用这个动作给我预警），忽然之间就“飞”了，整个人有种被速度和世界给抛弃了的错觉。回想起来，这是一种几近窒息的感觉。最后我只得求饶：“哥，停下来歇歇吧。”下来后他问我感觉怎么样。我说，嗨，也就那么回事。他说，可是饭总，你脚怎么在抖啊——是真的，下来后，我觉得地板空空的，脚踩不严实。丢人，被他看穿。除此之外，韩寒在工作很认真很细心（尽管有时候给人一种相反的错觉），我还是很服气的。开会吧，他总是很认真地听人讲话，而且都让人讲完，这点非常难得。

记者：应很多读者的强烈要求，能不能在这里透露一下《独唱团》选择小说稿件的标准？

小饭：往大了说，基本上三条：文笔好，有情怀，故事好看。基本上全世界的文艺杂志都这么要求的，所以说了等于没说。要么我再加一条：韩寒喜欢。这一条你就用心揣摩吧。关于标准，大家可以看第一期《独唱团》，里面用的小说丰富多彩，形式多样，题材广泛，所以很难说出共同点。有时候，在审美和思维的过程中，一个“好”字很难具体。

记者：和《独唱团》有关的最后一个问题——如果郭敬明同学来投稿，你们会审么？

小饭：我代表韩寒和编辑部在这里表个态，“欢迎郭老师投稿。”

我觉得自己应做一个破坏者，温柔甚至孱弱的破坏者

记者："80后作家"这种说法由来已久，你认同这一说法吗？

小饭：这个问题不重要，或许它本身就是一个虚假的问题。在我看来，这种提法之所以存在是因为整个时代在偷懒，评论家们在偷懒，只有当作品呈现内在一致性，才可以归为一类。这种说法不够细致，应该分为，比如说吧，这些人是写都市年轻人的，这些人是思考人生终极关怀的，这些人是对技巧迷恋的，只是在技巧上突破的，如果这样分，我或许认可。

记者：那你觉得自己应是哪一类呢？

小饭：我没有给自己贴标签的义务和兴趣。

记者：但商业炒作总会给你冠上一些头衔，比如"80后实力作家"，"80后五虎将之一"。有没有想过自己为什么会被称为"实力作家"？

小饭：因为长得不够帅吧！（笑）这个说法是《南方都市报》提出的，是媒体的一次策划。当时，韩寒、郭敬明、张悦然在市场上取得成功，但他们未必比我们（这些实力作家）写得好。在媒体眼中，我们和他们不一样，需要从另一个向度上找到价值体系，所以就有了这种说法。可能我们在他们（媒体记者）看来更"复古"，更"经典"，因为抓不住时代的、人们的眼球，而文学在我看来，一是技巧，一是情怀，我们有着某种情怀。

记者：能不能描述一下你所说的那种"情怀"？

小饭：我想呈现这个价值观紊乱的社会，或者说智慧、精英在社会上有价无市的状态。当今社会现只有一个标准，整个中国的社会类型是一个暴发户式的社会类型，不讲究人的素质，有钱你就可以活得很体面，即使没文化。

记者：这么说，你的创作是在试图建立一个比较正常的价值？

小饭：不，不是建立，而是一个破坏。破坏不正常的价值观，我对破坏更感兴趣。

记者：或者是更简单呢？"破"或许比"立"更简单。

小饭（沉吟半晌）：对，历史上很多哲学家都是做破的工作，但没有立。

记者：那你有"立"的追求吗？

小饭：这和个人的天赋和性格有关，对于我来说更好的方法是"破"。我觉得自己应作一个破坏者，但我不想做暴力的破坏者，而是温柔的甚至孱弱的破坏者，这更符合我的美学。很温柔的敲打世界，在我看来这是一件很优美的事，而且我还不能一下成功，我享受的是这个过程。

写作和阅读一样，本身只是私人行为

记者：你曾经说过，现在不大看其他同辈写作者的作品。

小饭：因为我没有看他们作品的义务。除了好朋友寄给我的书，我会看看，除此之外，有太多电影太多书，我没办法看完。其实写作和阅读一样，本身只是私人行为，但之后产生的很多影响使写作看上去不私人了。这几年，我越来越感受到一种隔离，我更喜欢一个人待着，当然有人来找我，我也不拒绝，但我越来越不主动了，因为我心里会有比较，不主动的话是这样，主动的话也就这样，慢慢地，觉得做一个被动的人也很幸福。这有点类似抑郁症，当然我是假设自己得了抑郁症。据说抑郁症或者说忧郁这种情绪对人最大的好处是保护自己，不主动参与竞争，不会撞得头破血流，反而更自由。

记者：这种抑郁是你自由创作的保证？

小饭：不，它也是坏的，它会消耗我的战斗力。精神不好的时候，我写两千字都会感觉疲劳，精神好的时候，哪怕写五千字都会很轻松。我现在试图解决这个问题。

记者：如今你有了正式的职业，不像原来做学生时那么自由了，工作的压力会削弱你写作的激情吗？

小饭：生活的压力是有的，但它对写作的影响

不是最大的，我对写作本身的怀疑影响更大，写作的目的是什么、自我定位应是怎样，给我造成的压力更大。

记者：这么说，写作并没有给你带来一些负面的影响。

小饭：不，太多了。比如，我本来不怎么抽烟，现在一写东西就抽烟，然后，写作过程非常孤独，如果不写作，你会寻求别的出口，宣泄你的力比多，人的精力是有限的，一旦写作你就不能看电视、和人出去吃饭、谈恋爱，诸如此类。我一辈子要花两年整的时间来写作，我这一辈子中的这两年就没有了，而是用来创造另外一个世界，如果不发表不出版，这个东西对整个世界都是没有意义的。

记者：不发表不出版，就没有意义吗？

小饭：只对自己有意义。沉浸在自己的世界你就孤独了，孤独和寂寞是两件事，寂寞是无聊，孤独是一个人，写作肯定是一个人的，不能和别人一起完成。

我没有这样强大的生存需要，哪怕不出名也可以活得很好

记者：当年有人预料你一定会火的，但是现在为什么没有像他们预料的那么火呢？

小饭：也许是长得不够帅吧，长得帅也许或许会火（笑）。有些东西是机缘巧合，有些东西是命中注定。我的性格肯定不适合火，或者说，我没有这样强大的生存需要，哪怕不出名也可以活的很好。而且现在的出版商大多是没有脑子的人，我稍微编编去忽悠人家肯定也成，但我不高兴这样做。还有一部分原因，我第一本书和第二本书出版的时候正是“非典”，那时候全国运输都是停滞的，没办法好好宣传，卖得很差，这对我以后的出路是有影响的。

记者：这会不会和你的题材也有关系？

小饭：肯定是有关系的。比如说，我的第一本书如果是《我年轻时候的女朋友》这样的，与爱情校园有关的题材，也许会火。

记者：有没有想过，其实你的风格并不是太讨好市场的。

小饭（沉吟半晌）：对。这完全是性格关系，我常常会对和我相处的人“刺”两句，我不会去拍他们的马屁。我比较“古典”。小时候我们会设定自己成为怎样的人，做什么，不做什么，多年之后你就成为这样的人，而且只能成为这样的人。有一句话叫做“人只能成为他想成为的人”，想想其实很有道理。

记者：那你十年前有没有预测自己现在的样子？

小饭：我没有想过会是现在这个样子。我曾经有浪漫情怀，但后来发现，大学毕业了首先还是要有一份稳定的工作，现在的社会非常苛刻，我们上一辈的十年是非常浪漫的，那时，西方的价值观刚刚进来，整个大学的面貌非常不一样，讲究个性解放。而我这一代经济杠杆一启动，商业便开始吞噬文化机制。虽然文化概念被西方的价值观覆盖了，但是这些西方价值一到到中国却变样了，西方的文化其实是慢的，到中国来却变快了，在欧洲，一幢房子动不动就一百年，在中国呢，一条马路十年就翻一遍，房子推倒再盖一遍。欧洲的房子都很古老，中世纪的房子都留到现在，中国有吗？上海如今留下的老洋房还都是外国人造的。

记者：如果把你的作品比作房子，你觉得能留多久？

小饭：这不重要。我享受的是过程。我现在三分之一的人生已经过去了，百年之后留下什么呢？子孙满堂是最好的了。如今的社会，有些东西被高估了，有些东西被低估了，与家人朋友的感情被低估了，而名利则被高估了。其实名利并没那么重要的，无论怎样，人们都是可以活下去的，真活不下去，人民会造反的。

仅仅把文学视作游戏，我并不能得到满足

记者：很多读者读了你的作品后，会觉得你是

在玩叙事的游戏。

小饭：现在不玩了，几年前玩，但玩的时候并没有我想象的愉快。

记者：那你有没有考虑过，这种叙事游戏的探索会影响读者的阅读？

小饭：当年我说过一句话，但是这句话我一直怀疑是不是我说的，“故意设置阅读障碍不一定是八零后的主流，但不这么做就会堕入危险”。这句话经常被用到报道中，你不能一直把自己当傻子一样出现在众人面前，但又不能假清高，你有多少分量就做怎样的事情，能力越大责任越大。小说的技巧玩不玩，就像扑克牌，有一定的规则。

记者：但一副扑克牌的排列组合再复杂，也是有穷尽的。

小饭：但是逻辑是一样的，有逻辑才会有规则，有规则才会有游戏，如果没有规则，就没有游戏。我一定会按照自己的逻辑讲自己的故事。我在第一个长篇《我的秃头老师》里，玩过“双线叙事”，第二个长篇《蚂蚁》里玩“分段叙述”，从每个人的角度讲同一个故事，在第三个长篇《我的年轻时候的女朋友》，玩的是回旋逻辑，把故事截成很多片段。第四本《爱近杀》，你们看看就知道，也是不一样的玩法。

记者：这种叙述游戏一方面可能给人造成阅读障碍，另一方面，可能会破坏一些人们对文学的期待，比如对意义的期待。

小饭：以前我和另外一个作者讨论过，文学的最大的意义在哪里，他说是怜悯，我说的是嘲讽。我现在觉得他是对的，因为嘲讽的背后是带着怜悯的，没有同情心去写你的作品会让你以及你的作品得不到尊重。我有个朋友最近写了一部书，他觉得写得很好，他在书中写他谈了7、8场恋爱，很精彩，但我看不到他对女性的尊重，对个体的尊重 ，所以我觉得这部作品是失败的。也许从嘲讽到怜悯，是必然的过程，很多人一开始并没有意识到怜悯是多么大的力量。

记者：对，嘲讽很容易给人留下这个人爱耍小聪明的印象。

小饭：嘲讽的主体在作者自己，而怜悯的主题在对象，从自己走到世界是每个人都会经历的过程，对自己有一定了解后会想方设法了解这个世界，了解它的运行逻辑百态。我的作品最初也有嘲讽，但嘲讽只是形式，那时候完全是为了好玩才写，至于里面暗含了什么东西什么情绪，我自己也没有思考过。

记者：那是什么样的助力让你开始思考了呢？

小饭：想多了吧，仅仅把文学视作游戏，我并不能得到满足。就像玩扑克牌，玩多了你会想，这样一个游戏为什么是三个人玩的，输的人为什么要接受惩罚。

25 岁生日的时候，我说，从今以后就没有偶像了

记者：很多人说你模仿前辈作家，比如王小波、余华、苏童、残雪。

小饭：我觉得模仿他们是忘记他们最好的办法，那些作家，模仿起来很容易，余华、苏童啊，随便看两个月，就能写出和他们一样的作品，读者不一定分辨得出来。

记者：单纯为了模仿而模仿？觉得好玩而模仿？

小饭：倒不是好玩。打个比方，就像一个男孩子看到一个女孩子，知道两个人不会在一起一辈子，有两个办法，一个是赶紧忘记她，一个是跟她处一段。我和这些作家就是这样一种关系，我也不能一辈子都喜欢他们的作品，有的人也许会，但我给自己的要求是，不要一直都喜欢他们，作为一个自己也在写东西的人，活在他们的阴影之下，太痛苦了，那么，我就先和他们勾搭一段时间咯，模仿他们的东西，对他们的作品有了足够的了解之后，就会发现自己不像之前那样喜欢，就可以忘记他们。

记者：那这也是你创作路上的一种“破”。

小饭：可以这么理解。

记者：那你现在试图“立”，寻找一个恰当的自己我定位。

小饭：两三年前，也就是25岁生日的时候，我说，从今以后不再有偶像了，现在好像真的没有了。

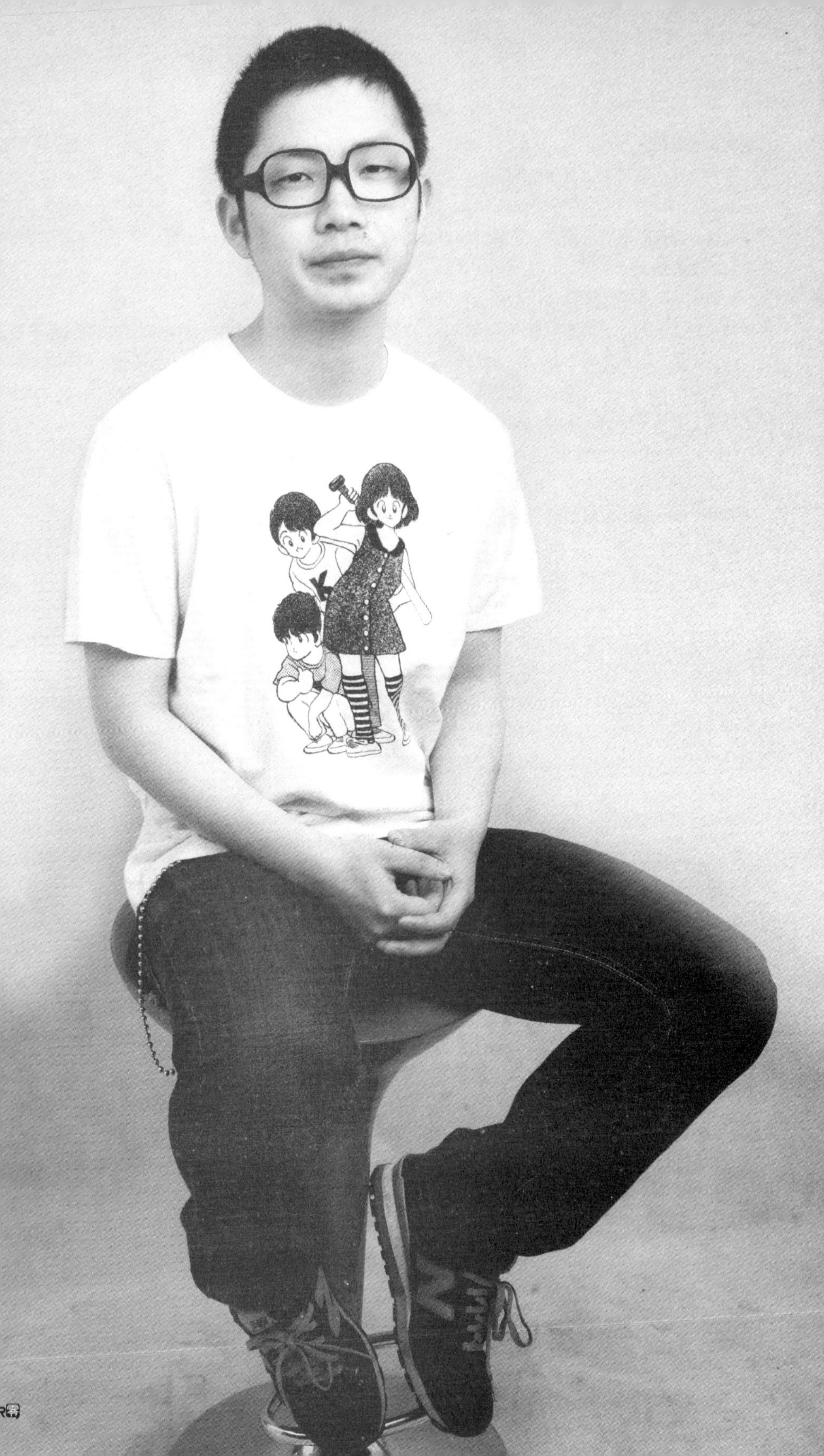

解读小饭

PART TWO

Text by 刘媛　胡楠

1982年4月的一天，南汇康桥镇一对普通农民夫妇迎来了他们的儿子。老实的父亲虽然没有受过高等教育，但懂得男女平等的道理，决定将妻子的姓送给儿子，并将对孩子的期待寄托在名字的最后一个字上，于是，初生的婴儿有了一个响亮的名字“范曹杰”。“曹杰”这名字似乎还有另外一层含义，曹操一般的豪杰，所谓“治世之能臣，乱世之枭雄”。但不知出于什么原因，夫妇俩又改变了最初的想法，希望儿子能安于祖辈们“日出而作，日落而息”的前现代生活，将孩子改名“继祖”。后来，孩子长大，并且开始文学创作，他给自己取了一个特别又不失亲切的名字“小饭”。

> 谈起文学理想，小饭如是说，“我应当是一个破坏者，破坏这个价值观混乱的时代。”

我们本不应关心“曹杰”或者“继祖”，因为在文学的领域里，他们是不存在的，但当青年作家小饭描述起自身的期待和定位时，我们不得不重新审视 “曹杰”和“继祖”这两重人格，因为，这对矛盾人格已然为小饭之所以成为“小饭”埋下伏笔。谈起文学理想，小饭如是说，“我应当是一个破坏者，破坏这个价值观混乱的时代。”“我又是一个充满情怀的、经典的，可能抓不住时代的眼球。”“在过去很长一段时间里，我的梦境还是南汇乡下，这几年我才觉得自己是上海人。梦境暗示着自身定位，暗示我的精神家园。”像曹操那样破坏，像祖辈那样“复古”，“曹杰”和“继祖”这两个童年时代孕育的人格契合了小饭如今对自身的定位和期待。要想了解小饭，我们必须重返他的“精神家园”。

曾有人评论说，小饭在80年代出生的一批作家中是特别的，因为通过他的作品，可以闻到乡土气息。的确，小饭和其他有农村生活经历的人一样，见过五谷杂粮，干过农活插过秧，但自身体验的真实并不意味着会直接转化为作品中的真实。小饭的作品，如短篇小说《我小时候》《暗紫三章》以及长篇《蚂蚁》，背景都是农村，故事发生在“村子里”，人物都是“我”的亲戚、邻居等“村里人”。但令人生疑的是，小说中绝少对农村风貌具体生动的描绘，可以说，改变这一背景也不会影响作品的主题，那么，与泥土保持距离的“乡土气”是不成立的。

当然，小饭并没有以乡土作家自居，他只是想把故事设定在自己熟悉的南汇乡下。之所以没有全然描写真实生活，在他看来，并不是因为生活过于复杂难以描绘，恰恰相反，而是太贫瘠了。在《儿童时代》中，作者不无真诚地诉说对有限的生活经验的珍惜。“儿童时代像块夹心饼干，我们慢慢得咬，就给我们慢慢地咬掉了，咬掉之后，我们就没有这块夹心饼干了。……我不能再做梦了，每当我梦见小时候的事，总会梦到这块饼干，黄色的夹心我很喜欢，我舍不得一口吃光，我要留下它每次梦到它，等到有天我终于迫不及待消费掉了，没有饼干留下，那我的儿童时代也会不复存在。”作者不仅表达了对贫瘠的童年经验的无奈，也希望藉想象弥补个体经验的残缺，“写小说的总是要编故事，那是无奈之举，如果生活足够的美妙，我们就不用费劲儿去编了。”谈到创作《暗紫三章》的动机，他更是直接，“我的家庭太一般，但我又不想那么一般，于是就编出这么一些故事”。每每受限于经验，小饭便以夸张和变形的方式打破现实，似乎只有在现实碎片暧昧不明的缝隙中，他才能释放强大的表达欲望，于是，类似《我小时候》里那个疯狂刷牙直到满嘴血沫的“我”、《为什么没有人和我讨论天气里》残酷的祖母和阴戾的叔叔、《三刀》里非理性的流血与死亡等等不正常的人与事成为了小饭创作的兴奋点。其早期的短篇小说集《不羁的天空》作为萌芽小说系列出版时，亦被冠以“变形小说”的名号，与小饭同辈的一位写作者也这样评价他的作品，“因夸张而伪装虚伪，因变形而凸现真实”。只是，当变形和夸张成为躲避创作困难的手段时，读者与作者共情的“真实”能在多大程度上成为可能？

描写童年生活的《我小时候》是一部非常有意思的小说，至少很多读者因为机智的语言忍俊不禁，从此记住了“小饭”。就阅读的快感而言，《我小时候》是不能错过的，就叙述笔调的油滑和赖皮程度，它亦是登峰造极的。

“在这个春天，正是我年轻的生命要怒放的时候啊。但是我为什么觉得寂寞，觉得缺少爱？我心中有一万个问题困惑着，可是没有人能回答我。”

“我小时候的事，回想起来是半真半假。之所以我还有胆量将它们说出来，是因为我小学五年的班主任兼数学老师兼语文老师已经在去年死掉了。这样一来，我就可以随心所欲的编个弥天大谎抵作我小时候的事，不会有人揭穿。这是我有勇气讲这个故事的动力所在。”

“他说话时常常露出虎牙，简直要把老师给吞掉，老师就这样妥协了。我知道后，告诉我爸爸。爸爸说不如扮个大狮子吧！我说好啊，老虎怕狮子。那天我老爸就装了假胡须，吹直了头发去找老师，结果很快资格给了我。后来又听说雄老虎要去吓隔壁班的老师，再一打听就取消念头了，因为那个老师姓武。”

类似的句子在《我小时候》中屡见不鲜，细心的读者在收获阅读的快感同时，也能隐约辨识出文本背后一张洋洋自得的模糊脸孔。但快感和青春一样，总是稍纵即逝，“赖皮”书写最大的危险在于，如果快感的底子只是苍白单薄的情感和经不起推敲的情节，阅读的意义也就被取消了，而我们所理解的“精神家园”不会建立在空荡的基础之上。

就在小饭感叹着过去经验的贫瘠的同时，正在进行中的青春也成为一再书写的关键词。《我年轻时候的女朋友》就讲述了臆想中的中年小饭回忆二十年前青春岁月的故事。不惑之年的叙事者在以馒头为象征物的凡庸生活中，不无伤感地寻访与追述被记忆蒙蔽的青春。虽然作者试图以“哲学小说”定义这部作品，但对青春的感怀至少是直接且重要的主题。

“回想二十年前，让我好好想一想，那时候我还很年轻，没错儿，我的身体完全不像现在这么胖，手臂上还都是肌肉，当然也没现在这么粗；那时候我的大腿就像青蛙腿一样，蹬起来非常有力量，整个人就像一枚等待发射的火箭，完全不像现在这么松松垮垮的；那时候我的脊背非常挺拔，因为瘦而更显得高，我常说自己‘玉树临风’；那时候的我，正处在花样年华”。小说的开头，字里行间充溢着回忆的气息，对青春的怀念，对“花样年华”失而不能复得的微微感伤。但随着阅读的深入，这种明净并没有延续，而被单调而世俗的生活淹没，这段人生中最美好的花样年华，和“我”的着装一样，呈现出不协调的土灰色。“在这个春天，正是我年轻的生命要怒放的时候啊。但是我为什么觉得寂寞，觉得缺少爱？我心中有一万个问题困惑着，可是没有人能回答我。”内在的困惑无可避免地指向外在生活的无聊。“几乎没一个人真正喜欢读书的，读书几乎都出于一种无奈”，逃课、挂科、电脑游戏、酗酒、打牌乃至偷女生的内衣却代替认真读书成为生活中的平常事，而这些正是大学校园每天都在上演的情节。至于本应是最美妙的爱情，也只剩“恋爱的一部分是花钱，恋爱的另一部分就是失眠”的空洞与经不起推敲。小饭笔下的青春是一种贫血的真实，它是这样正常，正常到稀松平常。

但小饭从来不是一个纯粹的青春书写者。对他而言，青春从来不是作品的主题而只是故事发生的场域。在年轻的爱情和忧伤之外，小饭依然想要说些什么。他似乎从来不安于叙述一个纯粹的青春故事。在这一批关于青春的文本中，他试图赋予作品更多的内容，承载一些更有重量的东西，也就是他所说的“情怀”与“经典”。所以《我年轻时候的女朋友》成了对记忆的一句质疑，作者在“我”和他人记忆的迥然相异的振荡中思索记忆的可靠性，最终以一句“过去的都是不存在的，即便我把它想象得那么美好”完成了对记忆的否决。需要指出的是，这样的思考在小说中似乎略显单薄而缺乏应有的力度，最终的判决似乎是在逃避更深一层思索而匆匆收场，关于“回忆到底可不可靠，人的记忆到底是什么样的东西”的主题对于大多数情况下会被解读为一个回忆的故事的作品来说，无疑是“不能承受之重”。

“过去的都是不存在的，即便我把它想象得那么美好。”

对思考的追求在《我的秃头老师》中则演化成虚构历史的尝试，在这部作品中，小饭试图为一个发生在大学校园中的故事找到历史向度上的呼应。这是一个“一个同性恋跟另外一个同性恋讲述其他两个同性恋怎么恋爱的故事”，作者在《〈我的秃头老师〉跋》里称“我希望有人把它解释成为人与人之间的理解，对艺术的理解——虽然我还不至跟艺术这个行当牵扯上关系”，但在我们看来，这也是一个并不充分的“主题”，或许从演绎历史这一角度来评析更加合理。历史老师在课堂中所讲述的拉瓦锡和商伯良的恋情与现实生活中“我”与老师的恋情，即历史与现实在小说中相互对应，逐渐交叉、重合，对历史的虚构和演绎其实是对现实的叙述，而现实的发展则是历史的注脚。这是小饭“从懂事开始便从历史人物中不停寻找，我要找到那个与我类似的人”的努力。现实总可以在历史中找到相似之处，在这个世界里也可以体验那个世界的感觉，这或许是《我的秃头老师》中所显示的独特而有趣历史观。

这可以是一个很有意思的架构。小说的开头便是“法国大革命，波澜壮阔”，作者欲“以勺水兴洪波”，但历史被意淫的同时也简化成“一个爱情故事和一个传奇历险”，简单的情节和追求“幽默”的语言在某种程度上消解了历史的厚重感，革命在小饭笔下成了一场滑稽人物表演的闹剧。这种历史的书写的降格在根本上呈现了一个青年作者想象的限度。

诚然，正如七月人在小说序言中所说的，“对于苍白乏味的现实生活的不满常常成为一个人写作的动力，在由他的想象力所构造出来的世界中他能够感到平静和安慰，这是小说乐趣的最初来源”，小饭匍匐在贫瘠的土地上，在漫布着尘埃的现实中，试图用想象超越这一切之上的努力，但想象力并不是包治百病的灵丹妙药，它无疑也是有限度的，《我的秃头老师》中的历史书写便是单凭想象力难以承担的重量。

假如你读过小饭的小说，尤其是他早期的小说，假如你同时读过其他 80 后作者的小说，应该很容易感觉到小饭的作品中有些东西与别的作者不同。这种不同或许难以言明，但作者对写作技巧的迷恋至少是小饭的重要特征之一。这里的写作技巧包括叙事方式的探索，对前辈作家的模仿与师承以及对言语的幽默的着意追求。

我们可以将小饭对技巧的实践解释成一场游戏。也许对于小饭——至少是创作早期也即最迷恋技巧时期的小饭——来说，写作本身就是一场游戏，这个游戏最最崇高的意义就是要好玩。小饭锲而不舍地追求着游戏的趣味性，那些技巧都是他在这个游戏里摆下的障碍设置的谜题，是孩童般天真狡黠的小小机心，目的就是让这场游戏更好玩一点。你很难要求他四平八稳地讲故事，因为他认为这样的方式太没意思，对“有意思”的坚持也是贯穿其创作过程始终的一条红线。小饭服膺“思维的乐趣”的创作美学，这就意味着作品应该能够使人思考，除了小说内容所提供的意义之外，形式上的故意设置阅读障碍也是方法之一，比如《爱近杀》中打乱的叙述顺序，便很像读者与作者间的智力竞赛，需要读者花心思理清故事的发展脉络，才能避免掉入作者挖下的陷阱。说到底，其实是一番趣味和思考的争斗。

在对小饭的小说创作的评析中，我们很难避免关于“模仿”的争议。小饭的作品受诸如，王小波、余华、苏童以及残雪的影响显而易见。识者每每批评小饭的创作中主题及形式和作者本人经验的脱节，这一点难以否认，小饭的一批作品——譬如《暗紫三章》《一个普通的早晨》《2406房间的郎先生》等等——确实存在着这样的问题。《暗紫三章》是这一部分作品的代表，在小饭看来，《暗紫三章》标志着自己作为写作者的成熟。这一组三篇小说为小饭赢得了最普遍的声誉，同时也招致了一片詈骂。毋庸置疑，这是一组模仿余华的小说，并且仿得非常像，作者使用了地道的先锋派的精致语言，铺陈一个纯然感官化的世界，描述了一场场《现实一种》式的微小起因的无理性的相互屠杀，一个个充满着暴力、血腥和死亡的故事。从语言到意象再到主题，几乎都是余华的翻版，因而小饭对自己充满了自信：“那些作家，模仿起来很容易，余华、苏童啊，随便看两个月，就能写出和他们一样的作品，读者不一定分辨得出来”，但却很难从残酷故事的背后看到小饭自己的思考。小饭坦言，这批作品原本就是作为游戏而被创作的，“只是玩玩而已”。事实上，对于“模仿”，小饭有着近乎工具主义的清醒认识：“我在用他们的技术给自己简单的回顾，比如童年生活的回顾，故乡的回顾。”这些作家对于小饭个人创作的意义，大体而言只是可以借鉴的技术而已。并且，在小饭看来，“模仿他们是忘记他们最好的办法”，他不甘于一辈子在这些作家的阴影下创作，便用模仿的方式接近他们，了解他们，学习他们，从而最终在创作路上真正地忘记他们。

我们可以将这类作品视为小饭向自己喜爱的作者致敬，也可以看作创作初期用来磨砺技术的练笔。这是一批技术上很出色的作品，但由于与个体生命经验“隔”，终究不是成熟而自觉的。值得庆幸的是，小饭早已不再是那个跟在前辈作家身后亦步亦趋的小学徒，在完成了模仿偶像与破除偶像的两个必要的步骤之后，小饭正在逐步建立起自己的表达方式与风格，找回在模仿中被淹没的自我。

“梦又是很讨厌的东西，会削弱人的战斗力精神力，晚上做梦白天精神会不好，过分沉迷于梦境，对现实生活会有影响。”

最后，说件有趣的事。小饭有一个特别的习惯：记梦。头天晚上做了梦，第二天早晨能回忆多少就写下多少，再用自己的逻辑把将断裂的地方连贯起来。在他看来，“梦境可爱异常，因为它给你的是现实生活中无法给你的东西，自己意想不到的突如其来的神奇东西”。这种记梦的逻辑类似写作的逻辑，作者受限于经验时，往往以离奇的想象和华丽的技巧对抗个体经验的欠然。但梦不是全然的善物，小饭自己也说道“梦又是很讨厌的东西，会削弱人的战斗力精神力，晚上做梦白天精神会不好，过分沉迷于梦境，对现实生活会有影响”，梦是迷惑、虚妄、具有侵蚀性的，沉迷于梦的人往往逃避现实中可能的疼痛，在梦中寻求虚假的快慰。而聪明的写作者往往也面临着类似的危险，他们总是迅速习得一些高级的技巧，并能适时调动夸张的想象来“说谎”，从而回避创作中可能的困难，并常常因此沾沾自喜。但正是这种对现实困难的回避，使作品与支撑作品的现实土地越来越远，也正是这种距离，伤害着文学对人类心灵以及时代的担当。

值得期待的是，小饭似乎逐渐对作为梦境的写作有所警觉，开始回应现实的问难。他的新书《婚前教育》或许能给我们提供可能的答案。

新创作出品全目录

新创作网（www.xczw.net）

该网站由上海市作协主办，旨在为大中学生写作者搭建文学原创平台，发掘、培养富有创作潜力的青少年作者。网站自 2008 年成立至今，浏览量突破 **1000 万**，交流会员达 **4000 人**。著名作家蔡骏、那多、苏德、小饭等人对网站大力支持。

设有**电子投稿推荐专区**，将优秀的小说投稿作品推荐到《收获》、《萌芽》、《鲤》、《鲤》、《上海文学》、《青红》等多家合作刊物。

全上海百家重点中学、高校文学社团为理事单位，并力争发展全国的文字爱好者。

《Zer 零》实体读物

为读者打造中短篇小说阅读盛宴的同时，更力求挖掘小说写作背后的“有字天书”：新颖的构思、独特的题材、触动内心的情节是怎么来的？如何在“内涵”与“情节”的两极中寻求平衡？ 8090 后的优秀青年作者、中国畅销书界的名家、一流高校的小说理论专家将一起为你解开“小说密码”。

《Zer 零》电子杂志

全国唯一一家有稿费的文学类电子杂志双月刊，由著名出版人 Mok 领衔，著名青年作家、《独唱团》编辑小饭担任监制，“榫卯”团队设计排版，豆瓣资深评论人、大众书评团强势加盟，另有深度专题板块“文艺枪”向你开火。

下载地址：新创作网 / Iebook / Poco.com / 读客网 / 新浪读书

《Zer 零》作者单行本

以实体刊、电子刊的优秀作者为基础，挖掘富有潜力的小说人才，定位于青年读者市场，出版优秀的长篇小说作品，追求可读性、思想性、趣味性于一体，推崇展示新一代年轻人想象力、创造力和文学才华的文学创作。

新创作网作者升级流程图

①打怪 ②升级 ③组团 ④下副本 ⑤写作 ⑥发表 ⑦签约 ⑧出版书

没有持续的积累，就没有一飞冲天的瞬间

想要成为一个有读者群的作者，你要经过以下的程序：

注册成为新创作网（www.xczw.net）**普通用户**，在**【投稿区】**针对性投稿

作品通过审查和推荐成功发表，成为创作会员

在累积一定知名度、写作能力成熟之后，成为签约作者

根据策划主题，出版作者的个人单行本

图书在版编目（CIP）数据

小说酱 / 新创作网主编．——上海：文汇出版社，2010．8

（“Zer 零”系列）

ISBN 978-7-80741-920-4

I. ①小… II. ①新… III. ①短篇小说一作品集一中国一当代 IV. ① I247.7

中国版本图书馆 CIP 数据核字（2010）第 123816 号

小说酱

出 品 人 / 桂国强

主　　编 / Mr.Mok

责任编辑 / 刘刚 石韫

封面设计 / 第七印象

书籍装帧 / 榫卯工作室

经　　销 / 全国新华书店

印刷装订 / 上海译文印刷厂

版　　次 / 2010 年 8 月第 1 版

印　　次 / 2010 年 8 月第 1 次印刷

开　　本 / 720×1000 1/16

字　　数 / 110 千

印　　张 / 10

印　　数 / 1-30000

ISBN 978-7-80741-920-4

定　　价 / 19.00 元